成·功·之·道

协会运营的七大法则

美国社团管理者学会
美国社团领导力中心　著

何巍　陈蕾　宫月　译

孙孟新　审校

中国科学技术出版社
·北 京·

图书在版编目（CIP）数据

成功之道/美国社团管理者学会，美国社团领导力中心著.
—北京：中国科学技术出版社，2010.6
　（协会运营的七大法则）
ISBN 978-7-5046-5583-7

Ⅰ. ①成…　Ⅱ. ①美…②美…　Ⅲ. 学会-组织管理学　Ⅳ. ①C936

中国版本图书馆 CIP 数据核字（2010）第 042437 号

著作权合同登记号：01－2009－5378

本社图书贴有防伪标志，未贴为盗版

．

中国科学技术出版社出版
北京市海淀区中关村南大街 16 号　邮政编码：100081
电话：010－62173865　传真：010－62179148
http://www.kjpbooks.com.cn
科学普及出版社发行部发行
北京迪鑫印刷厂印刷

*

开本：880 毫米×1230 毫米　1/32　印张：4.25　字数：200 千字
2010 年 6 月第 1 版　2010 年 6 月第 1 次印刷
印数：1—5000 册　　定价：28.00 元
ISBN 978-7-5046-5583-7/C·143

中文版序

　　作为科学共同体的有形载体之一，科技社团集中了各学科领域的知名学者和权威专家，具有人才荟萃、智力密集、资源丰富、联系广泛等特点，是国家创新体系的重要组成部分，也是推动社会管理体制创新的重要力量。随着我国经济体制改革的逐步深化，社会结构和利益格局的不断调整，国家创新体系建设的不断推进，科技社团的发展迎来了更加广阔的空间和机遇。

　　作为192个全国学会（研究会、协会）的业务主管单位，中国科协始终高度重视科技类学术团体，近年来不断加强学会工作的改革和发展力度，积极探索适应社会主义市场经济和科技发展规律的科技社团组织体制和运行机制。学会改革试点工作的实践表明，要促进学会的创新发展，必须作好"五个坚持"，即坚持体制机制的创新，坚持以会员为本，坚持把自身能力建设摆到突出位置，坚持主动服务经济社会，以及坚持联合协作的工作方式。

　　我们这些关于学会如何适应新形势、把握新机遇、迎接新挑战的思考，恰好与美国社团管理者学会和美国社团领导力中心编写的《成功之道》中的相关观点产生了共鸣。该书谈到的科技社团经营的若干"法则",如服务于顾客的文化、对话和参与、组织调适能力和联盟建设等,与中国科协关于学会创新发展的"五个坚持"可谓异曲同工。《成功之道》关于科技社团管理和经营的其他经验,同样值得我们学习、借鉴。

在中国科协学会学术部、国际联络部的共同努力下,《成功之道》的中文版与读者见面了。"他山之石,可以攻玉"。相信本书的出版对我国科技社团的健康发展会起到积极的推动作用。

冯长根

中国科协书记处书记

2010 年 5 月

◆ 前言

吉姆·柯林斯

（畅销书《从优秀到卓越》和《基业长青》作者[①]）

协会是我们社会和经济生活中无形的黏合剂。它们如同固定建筑物砖石的砂浆一样不引人注意，但对保持整个建筑结构的完好起着十分重要的作用。因此，协会的工作不应仅仅满足于做好，还必须追求卓越。但是如何区别一个好的协会和出类拔萃的协会呢？一个协会如何实现从优秀到卓越的跨越？又如何保持卓越呢？

2002 年，美国社团管理者学会及社团领导力中心召集了一些协会的领导人，开展了一项雄心勃勃的跨年度计划以探讨这些问题。对此，我的意见是，"如果要对卓越协会的成功之道作一次严肃探讨的话，这个领域的人应该进行配对比较研究。"

20 世纪 80 年代末，我的导师之一杰里·波拉斯在斯坦福大学设计了具有历史意义的配对比较研究法。当时我们正在共同

[①] 吉姆·柯林斯（Jim Collins），曾获斯坦福大学商学院杰出教学奖，先后任职于麦肯锡公司和惠普公司。与杰里·波拉斯合著了《基业长青》，书中提出了他的主要管理思想。——译者注

i

从事一项令人困惑的研究。回顾 100 年来的历史，我们发现，大多数经营不错的公司都采取了一些大体相同的做法，但只有少数公司做到了卓越。人们是否注重科学管理原则、统计质量控制、目标管理、六西格玛管理①、分权制衡、业务流程再设计或战略规划等无关紧要，因为大多数公司均采取了这些做法。

然而，一些公司最终成为了真正卓越的公司，其他公司则未能如愿以偿。一个明显的问题是：为什么？如果大多数公司都采用了大体相同的做法，究竟是什么样的秘诀使得有些公司脱颖而出呢？

如果一种研究方法仅仅考察成功的结果，那么它一定存在根本的缺陷，正如波拉斯称之为"发现建筑陷阱"。如果研究一下那些非常成功的上市公司，你会发现他们都有办公大楼，但你还会发现所有表现平平的公司也拥有大楼。关键问题不是找到成功组织共有的特性，而是要发现成功组织与那些业绩平平的组织的不同之处。

针对这个问题，波拉斯提出了一个重要的研究路径：将"配对比较"方法应用到社会体系中，不仅仅是拍张"快照"，而是进行长期的考察（遗传学上的"配对比较"是对从出生起就被分开的双胞胎的生活轨迹进行考察，以便了解先天和后天因素的不

---

① 六西格玛管理属品质管理的范畴。六西格玛管理旨在生产过程中降低产品及流程的缺陷次数，防止产品变异，提升品质。六西格玛管理是获得和保持企业在经营上的成功并将其经营业绩最大化的综合管理体系和发展战略，是使企业获得快速增长的经营方式。六西格玛管理的一个特点是以比以往更广泛的业绩改进视角，强调从顾客的关键要求以及企业经营战略焦点出发，寻求业绩突破的机会，为顾客和企业创造更大的价值。——译者注

同影响）。在大多数行业中，我们都可以找到至少一个配对——两家公司创立于同一时期，市场机遇相同、客户群体相同、技术转换及社会经济的走向相同。但随着发展，一些公司成就了伟大的事业，而同期的一些公司却并未实现这种跨越。

来看一下通用电气和西屋电气的例子。两家公司都是 20 世纪初创立的，资金同样充足并都拥有电力传输的巨大市场机遇。然而，到 20 世纪末，通用电气和西屋电气却面貌迥异。通用电气成为了一家偶像级企业，而西屋电气虽然跻身成功企业的行列，地位却远不如通用电气。波拉斯的想法是要严格挑选配对企业并对其进行长时间的考察研究，以区分短期变量的影响——例如，运气、某位超群领袖、一个绝妙的想法——来掌握那些令卓越组织脱颖而出的长期规律。

波拉斯的方法论指导我们经过六年的研究完成了《基业长青》一书，并激发我们形成了新的研究方法。我们以此为支撑，经过五年的努力又完成了另一本书《从优秀到卓越》。

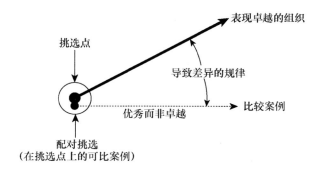

《从优秀到卓越》出版后不久，我与研究团队的一位成员，后来成为哈佛大学教授的莫腾·汉森共进晚餐。他向我提出这

样一个问题："目前从研究中得出的最为重要的观点是什么？"

我想了一下，给出了两个答案：第五级领导者——即那些同时表现出谦虚个性和专业意志的领导者以及坚持核心价值/激励进步的原则——即坚持核心价值及宗旨的一致性；同时不断地调整经营方式和策略以应对变幻莫测的社会环境。

"不，我不这样认为。再想想。"汉森进一步追问。

我又提到我们的研究中涉及的一些其他概念，他还是说："不，我不这样认为。"

"那么你认为是什么呢？"我终于问道。

"是研究方法本身。它适用于社会生活的任何一个领域，甚至是任意一个社会问题。"

汉森的观察启发了我们，我们认为所有社会领域的领导者可以——实际上是应该——进行配对比较分析以回答他们各自的问题：从系统上来看，是什么使得那些卓越的学校、医院、大学、警察部门、协会、交响乐团或任何其他组织从众多优秀的同类组织中脱颖而出呢？

但是，我们遇到了一个问题。这种研究比仅仅研究单独的卓越组织本身至少要付出三倍努力。虽然很多社会领域的领导者对这一研究表现出了兴趣，但是当他们意识到这种研究需要不是几个月而是几年的时间去努力完成时，大多数人退却了。

美国社团管理者学会及社团领导力中心却迎难而上。据我所知，他们是第一批迎接挑战、将我们的研究方法应用于社会领域的机构之一。在2002～2006年的时间里，该研究团队坚持开展这项研究，而且团队的大多数成员都是志愿参加的。

研究团队先后四次访问了我在科罗拉多州博尔德的办公室来讨论研究进展。我自己对研究的参与仅限于作为一个非正式的导师给团队一些指导，就像教研室的导师指导一位十分专注的博士生完成论文那样。而且也正像论文导师那样不能将学生的工作归功于己。团队成员们付出了大量时间，甚至放弃了部分工作和与家人的团聚。他们设定研究目标、搜集数据、筛选论据并作出结论。研究成果应全部归功于他们。

　　该研究团队研究的价值不仅在于他们发现了什么，还在于他们没有发现的内容。我一直很欣赏福尔摩斯探案里《银色马》的故事。在这个故事里，福尔摩斯抓住了一个关键点来破案，那就是"夜间狗的异样"。可是狗在夜里却什么异样都没有。哦，那正是事件的奇怪之处——从狗没有叫的这个事实，福尔摩斯得出结论，犯罪嫌疑人一定是对这条狗很了解的人。

　　在配对比较分析中，"不叫的狗"与那些正面的研究发现同样给我们以启示。在这一研究中，董事会的规模不"叫"，民主的董事会选举不"叫"，外部职业化管理不"叫"，员工驱动和会员驱动之间的区别也不"叫"。真正发生作用的是高度的数据驱动，加之在数据基础上具有创造性和纪律性的行动，与其他组织相比，卓越组织在这些方面更好地满足了会员的需求。

　　纪律性极强的员工，进行有纪律的思考，付诸有纪律的行动——这个简单的归纳准确地捕捉到了卓越机构脱颖而出的关键所在。在这份报告中，美国社团管理者学会及社团领导力中心研究团队强调了对协会管理具有特殊性的一些纪律。然而更重要的是，这个团队提出了一个挑战。从配对比较方法中我们发现了一个核心真理：即使面对可比的机遇和环境，一些组织还是比其他组织表现更为突出。

　　每个协会都可以为其会员提供更好的服务。这个团队通过以上研究为协会界提供了一项非凡的服务。现在是您采取行动的时候了，使您所在的协会日益繁荣，并永续下去。

吉姆·柯林斯[*]

科罗拉多州博尔德市

2006 年 6 月 10 日

---

　　* 本前言已由吉姆·柯林斯先生授权中国科学技术出版社出版。

◆ 序

我是否在以最佳方式经营我的协会呢？

估计您同其他协会的管理者一样，即使不是每个小时都在思考这个问题，至少您每天会思考一次。我们总是在寻找使我们的组织更有效率、更有成效、特别是更为成功的产品、战略和方法。

多年来，数不胜数的书籍、杂志、会议、专题研讨以及其他的资源已经建立起有关协会管理的一个相当规模的知识库。事实上，协会管理这个职业本身已勾画出了知识库的主体，并且开发出一种入门测试，以检验某人是否具有相应的知识。

然而，我们对于协会管理的了解并非建立在实验数据的基础上，而是建立在常识及个人和集体经验的基础之上。这一点助生了我们这个领域中大量的、经常被重复的"常规理念"，而这些理念却不一定经得起科学审视。

一个有用的模式

1994年《基业长青》的出版，使吉姆·柯林斯成为全国闻名的人物。他与杰里·波拉斯同著的这本书中探讨了一个基本问题：真正卓越的公司与其他公司不同的秘诀在哪里？

在通过评估程序确定了一些卓越公司之后，柯林斯和波拉斯为每个公司找到了一个配对公司。例如，为美国运通公司配对了富国银行。然后，他们对每一对配对公司的大量信息进行仔细比较。在此过程中，他们确定了卓越公司不同于其他公司的基本理念或成功秘诀。

柯林斯一直都是一位有很强好奇心的研究人员。他对《基业长青》中所列的那些富于远见的公司持续保持卓越这个事实进行了深入思考。是哪些因素使一个公司实现了从优秀到卓越的转变？对这一难题的探究促成了柯林斯的下一部著作《从优秀到卓越》。柯林斯在这本书中采用的方法跟与波拉斯以前共同使用的一个方法相类似，包括配对比较研究法。针对每个卓越公司，柯林斯在同行业中挑选出一个配对公司，二者有着相同的发展机遇和相似的资源，但后者未能实现从优秀到卓越的嬗变。

《从优秀到卓越》一书中谈到的几个结论都与协会圈子里的实际情况相呼应，比如以核心宗旨为重点。但也有例外。例如，柯林斯发现卓越组织坚持只用"合适的人"。但大多数协会和非营利组织的管理职能是由员工和志愿者共同承担的，在协会当中并没有与公司 CEO 职位相当的某个人能决定人员的去留。

早在 2002 年年初，美国社团领导力中心研究委员会（其前身是美国社团管理者学会基金会）的几位委员在佛罗里达州奥兰多召开的一次题为"数字化来临"的会议上听取了柯林斯的发言。他们一致认为，虽然不是所有的研究成果都适用于协会，但《从优秀到卓越》采用的方法论无疑是有价值的。而且，柯林斯积极支持将其方法论应用于协会，以研究那些卓越协会的过人之处。

组建团队

在融合制作公司休·李的协助下，美国社团领导力中心研究委员会的几位委员在柯林斯位于科罗拉多州博尔德市的办公楼与其进行了会谈。办公楼是由一座教学楼改建的——实际上会议室就是柯林斯上一年级时教室的一部分。

墙上的镜框里镶的是柯林斯一年级的汇报卡。柯林斯的老师在评语里写道，"吉米是个好孩子，跟大家都玩得不错。"——他的这个特点一直未变。柯林斯热情地接待了我们，气氛立即轻松起来。没过几分钟，我们就促膝谈起了协会研究的项目。

从一开始，柯林斯就同意指导我们的研究进程。他对有人在各自的领域从事与他相同的研究很感兴趣，而我们是希望找到自己的答案。就这样我们的合作开始了。就像导师对博士生进行指导一样，柯林斯同意作我们的顾问。他的工作是确保我们准确应用其研究方法，为我们提供研究所遵循的框架并在需要的时候提供建议。而具体的工作从始至终还是要由我们自己来做。

乐于分享

正如大家所知，"成功之道"是第一个完全由美国社团领导力中心完成的内部研究项目。工作人员为此投入了数年的努力，牺牲了无数个人时间，有时还需要进行热烈的讨论和辩论。

然而，如果不是书中提到的各个协会的参与，这个研究项目将无果而终。我们明确了作为研究组的那些协会。他们在很多方面都是出类拔萃的。

然而，我们还应该注意到，与研究对象进行配对比较的那些协会也是很有实力的。他们只是在我们设定的包括 2003 年在内的前 15 年中业绩没有达到同样卓越的水平。我们所看重的是能够解释这两组协会不同点的那些特质和因素——或如柯林斯所说，令一个协会成为金牌得主而另一个对照协会成为银牌或铜牌得主的因素。

正如奥林匹克比赛中金牌和银牌之差可能只有一两秒一样，有时我们所发现的区别也不是很大。事实上，如果研究的时间跨度稍作变动的话，对照组中有几个协会完全有能力进入研究组。为了将注意力更多地集中在最终结果上，我们决定不公开对照组成员的名单。

无论是哪个组的协会，同意参加这项研究本身已作出了很大的贡献。柯林斯的大部分研究主要依靠公开文件，而我们要请参与研究的协会去整理和提供会员和财务数据，更不要说关于领导力、员工、运营、管理、文化、产品和市场方面的信息。研究人员和专题组成员都进行了现场访谈，这也需要被访组织投入大量时间。

正因为研究组和对照组两个组的协会都对专题组敞开了大门，我们才得以研究他们之间的差异。有些差异很细微，有些则十分显著。但所有差异都有助于我们的思考。

在研究进程中，当结果尚不明朗的时候，柯林斯曾为我们打气，他说："按照正确的方向去做，它将是一项有长远意义的工作。"如果说我们真的实现了目标，那是因为他是我们的导师、向导，有时还是拉拉队队长。

柯林斯以其工作清晰地说明通过认真的研究和分析，我们能够发现卓越公司超越平凡的秘诀。我们希望我们的工作也能向协会阐明同样的道理，并希望在这一过程中，为协会的进步作出我们的贡献。

迈克尔·加勒里
博士，CAE，OPIS 有限责任公司董事长
"成功之道"专题组（2002～2006）组长

苏珊·萨尔法蒂
CAE，美国社团领导力中心主席兼 CEO
美国社团管理者学会常务副主席

◇◆ 致谢

作为美国社团领导力中心"成功之道"专题组的成员，以下各位同仁投入了大量时间来审查数据，准备分析报告，并参与了广泛的讨论。本书集结了他们数年研究的成果。

詹姆斯·道尔顿，战略咨询公司总裁，马里兰州得伍德市

菲利斯·埃当斯，注册会计师，首席审计官，美国急诊医师学会首席财务官，得克萨斯州欧文市

迈克尔·加勒里，博士，首席审计官，OPIS 有限责任公司总裁、创始人（专题组组长），得克萨斯州高地村

马克·戈尔登，首席审计官，国家法庭书记员协会执行主任兼 CEO，弗吉尼亚州维也纳市

理查德·格林，万豪国际酒店协会销售副总裁，华盛顿特区

韦恩·格罗斯，首席审计官，佐治亚州士麦那市

帕梅拉·希曼，首席审计官，协会管理服务公司总裁，加利福尼亚州帕萨迪纳市

威尔斯·琼斯，CFRE，首席审计官，导盲犬基金会 CEO，纽约州史密斯镇市

谢里·克拉米达斯，博士，首席审计官，法规事务专业人员协会执行主任，马里兰州洛克威尔市

休·李，融合制作公司总裁，纽约州韦伯斯特市

唐·曼库索，首席审计官，MAM，空中医疗服务协会执行主任兼 CEO，弗吉尼亚州亚历山大市

米歇尔·梅森，首席审计官，美国社团领导力中心战略研究副总裁，华盛顿特区

大卫·努南，美国眼科学会常务副理事长，加利福尼亚州旧金山市

桑德拉·萨博，桑德拉·萨博编辑服务公司作家兼编辑，明尼苏达州门多塔海茨市

萨拉·桑福德，首席审计官，北美精算学会执行主任，伊利诺伊州席姆堡市

苏珊·萨尔法蒂，首席审计官，美国社团领导力中心主席兼 CEO，美国社团管理者学会常务副主席，华盛顿特区

本书耗时近四年之久。从 2002 年 9 月到 2006 年 1 月，在迈克尔·加勒里博士的辛勤领导下，"成功之道"专题组的成员们查阅了大量的文件，分析数据报表，并反复讨论遴选真正有用的数据。加勒里博士的不倦领导和远见卓识促成了项目的最终完结。

对专题组成员来说，这是一次难得的专业学习机会。该项目对协会界作出了重要贡献，各方都感谢美国社团管理者学会及社团领导力中心对项目的支持。

如果没有美国社团管理者学会及社团领导力中心的员工们特别是米歇尔·梅森的努力，专题组的工作不可能完成。作为研究项目部副主任，她带领"成功之道"专题组走过了从设计到执行的各个阶段，而且不管遇到什么样的困难都保证其按预定轨道前进。她同时还负责联络吉姆·柯林斯和他的团队。

柯林斯鼓励专题组及其员工要带着"黑猩猩般的好奇"投入该项目，包括召开数次"黑猩猩会议"集中讨论研究中遇到的一些饶有兴趣的问题。伊丽莎白·法尔纳和布拉德利·费乌灵为会议做了很多基础性工作。法尔纳和费乌灵受雇于美国社团管理者学会及社团领导力中心，两人的好奇心和其教育背景一样突出。法尔纳和费乌灵通过电话、互联网和面谈的方式非常敬业地搜集信息，并广泛地在协会人员中进行访谈，包括从CEO到前台人员；他们还进行了大量的数据报表分析。两人进入研究生院后，安娜·克鲁兹接手了他们的工作，并表现出同样的才华与勤勉。

在开始现场走访之前，法尔纳和费乌灵确定了访谈问题并在四个专题成员所在的组织中进行了访谈技巧的演练。以下协会虽未参加研究，但提供了"试验场"，特此致谢：美国眼科学院、美国急诊医师学会、美国导盲犬基金会以及美国法规事务专业人员协会。

为帮助专题组成员查阅和处理员工们汇总的数据，行为经济咨询集团的创始人萨拉·韦德曼博士专门开发了用于访谈程序的网络工具并提供了数据分析。韦德曼对柯林斯的思想很熟悉，同时她能够简明扼要地概括出数据所代表的走向，这些对专题组最后的研讨作出了贡献。

还要特别感谢自由撰稿人兼编辑桑迪·萨博。专题组成员的思想、观察、讨论和结论经她的手妙笔生花般地融合为一份书稿。

最后还要感谢美国社团领导力中心的所有赞助人。是他们的慷慨解囊使得该中心得以开展这个兼具全面性和开创性的研究项目，相信这个项目将对未来产生深远的影响。

◈ 目录

第一章　差异何在

列出一个协会成功的方程式听起来虽然诱人，但却是不可能的。有太多的影响因素，包括行业发展、经济状况、员工和志愿者的风格、会员自身的需求等，而这还只是其中的一部分。即使某个协会通过实施 A、B 和 C 而获得成功，也并不能保证另一个协会照搬同样的模式会取得同样的结果。

这说明在成功的协会中有一些因素无疑较其他因素更为突出。这些协会不仅高效运转，同时也非常注重结果。他们不仅为各自的会员提供有价值的产品和服务，而且是在恰当的时间、以适当的方式及合适的成本来提供。简而言之，他们了解应当做什么，而且能做好。

但是真正令卓越的协会脱颖而出的因素到底是哪些呢？这个群体有哪些独到之处使他们与众不同呢？这正是美国社团领导力中心从事的研究项目所关注的核心问题，而本书正是其研究成果。在近四年的时间里，美国社团领导力中心的员工和志愿者共同查阅数据、进行访谈和实地访问，并对论点进行验证。通过研究参与项目的最成功的协会，他们最终确定了带有共性的七大要素。

☆ ☆ ☆ ☆ ☆

成功的七大法则

注重目的

   1. 服务于顾客的文化

   2. 根据宗旨确定产品与服务

注重分析与反馈

   3. 数据驱动战略

   4. 对话和参与

   5. CEO 作为意见调和人

注重行动

   6. 组织调适能力

   7. 联盟建设

下面是研究委员会在完成《成功之道——协会运营的七大法则》一书的过程中所采取的路径。

迈出第一步

"成功之道"专题组于 2003 年年初开始工作。首先摆上议事日程的是要列出一个出色协会的名单，并从中选出研究组和对照组的协会。在《从优秀到卓越》书中，柯林斯利用股票价格决定哪些公司可以入选他的研究组。可这一客观标准在协会领域却没有可比性。因此，专题组采纳了柯林斯和波拉斯在从事《基业长青》的研究中采用的评估程序。

美国社团管理者学会从其会员数据库中随机选取了 1000 名 CEO、协会二把手及产业界领导，然后向这些人选发信说明情况，并请他们按先后顺序列出他们认为在全国排名前五位的协会。随后，专题组又向他们发出了两封信及一个提醒答复的明信片。这使

得答复率达到了 32% ，从取样误差的角度讲这个数字代表着 95%
的可信度。

受访者列出的清单包括 506 个协会。专题组向其中的前 104 个
协会——即受访者提到次数最多的协会——发出邀请信请他们参加
"成功之道"这个项目，并要求提供财务、会员、领导及组织结构
等方面的基本数据。有 51 个协会对邀请信给予了答复（答复率为
49%），其中，82% 的协会表示有兴趣参与这一项目。任何与项目
有密切联系的协会，例如其雇员参与了专题组的工作，都被排除
在外。

在问卷调查进行的过程中，美国社团领导力中心聘用了两个专
职研究调查员，他们都是刚毕业的大学生。柯林斯曾建议采用这种
方式来完成大部分的工作，因为他本人就是这么做的。柯林斯认
为，新毕业的大学生往往习惯于努力工作，并且有着旺盛的好奇心
驱使他们去挖掘数据以揭示有价值的信息。他借用了"好奇的乔
治"里的叫法称赞自己的研究调查员是"黑猩猩"，这是儿童故事
书里一个虚构的人物，他总有一种无法满足的冲动要去探索未知，
因而发生了很多奇遇。

同样是在柯林斯的指导下，专题组的成员们制定了适用于可能
的研究对象的标准，并将研究的时间跨度确定为包括 2003 年在内
的前 15 年。确定这样的标准是为了尽量避免某个特定的人或事件
影响到研究结果，例如，一位任期占据整个时间跨度的 CEO，或者
某种非正常情况的发生，如在协会的行业或专业范围内出现了经济
滑坡。

入选研究组和对照组的协会都必须满足以下的条件：

- 已运营 20 年以上；
- 盈余的年份超过赤字的年份；
- 在研究的时间跨度内表现出吸引会员、赞助及拥有市场份

额的能力；

　　● 在研究的时间跨度内任用了一个以上的 CEO。

　　除了满足以上标准外，入选的协会还应愿意在研究过程中给予充分配合。这意味着提供详细而且往往是内部的有关财务和会员的信息；提交大量的文件，包括出版物、年报、会议纪要；接待来访；并回答有关政策、程序和内部运营等诸多的问题。

　　对研究对象的这种要求与柯林斯在研究中的要求不同。例如，柯林斯在研究中有详尽的关于财务业绩的公开文件可供参考，而专题组则要依靠协会来提供这些数据。在柯林斯的研究中，即使被研究的公司不提供合作，但他们对这些被研究的公司还是很了解的；而"成功之道"专题组则需要对参与研究的协会既要做到了解还要需要它们的合作。

　　对研究对象的另一个制约因素是有关协会提供相应数据的能力。有几个协会虽然有参与的愿望，但因为缺乏人力来整理所需要的数据或研究时间跨度内所需数据不全而退出了研究。另一些协会则由于专题组找不到适当的协会与其形成配对而未能参与研究。

开具清单

　　一旦研究调查员们汇总了所需的初步数据，专题组就开始了筛选，以确定对哪些组织进行深入研究。其目的是尽可能地涵盖各类组织（行业、专业、慈善），代表不同的地区范畴（州、国家、国际），并反映不同的会员规模（小型、中型、大型）。

　　有几个协会立即吸引了研究人员的注意，在研究时间跨度内他们每年度均有盈余并保持了稳定的会员与赞助；此外，在此前进行的评估程序中美国社团管理者学会的会员都较频繁地提到了他们。这些协会从而成为卓越协会的研究组人选。

　　最终确定的研究组由以下九个组织构成（组织简介详见附

录1）：

- 美国退休者协会（AARP）
- 美国心血管学会（ACC）
- 美国牙科协会（ADA）
- 美国通用承包商协会（AGC）
- 美国女童子军（GSUSA）
- 全美郡县协会（NACo）
- 俄亥俄注册会计师学会（OSCPA）
- 北美放射学会（RSNA）
- 美国人力资源管理学会（SHRM）

为确定对照组的成员，专题组又开始寻找与研究组成员在预算、工作人员数量、类型（例如，以个人为会员的组织）和地域范围等方面近似的协会，并尽可能地寻找那些具有相似的宗旨或会员服务对象的协会以进行比较。

对照组的协会主要是从评估产生的 105 个组织中遴选的。但其中有两例是专题组为了给研究组协会找到更合适的比较对象而放宽了挑选范围。

研究组和对照组协会的主要区别在于他们在挑选标准上不同的表现，尤其是那些与财务状况和会员保有有关的标准。换言之，对照组的协会与其比较对象之间在主要方面都是相似的，只是他们盈余的年份要少些，而且会员自然减员率较高。

无论属于哪个组，所有参加这个项目的协会运营得都不错。"成功之道"项目的目标是对卓越协会和优秀协会进行比较，而不是对优秀协会和表现不佳的协会进行比较。这个项目的意义在于探究每对协会之间的细微差别——那就是一个协会采取了或未采取哪些行动使得他们与其比较对象在绩效或财务状况上拉开距离。

数据收集与分析

将 18 个组织配好对后，专题组列出了进行比较和分析的领域。根据柯林斯和波拉斯在《基业长青》里采用过的方法，专题组选择了以下 11 个变量来比照两组的不同：

1. 远见卓识（核心价值、宗旨、目的、目标）
2. 市场、竞争对手及环境
3. 组织管理（结构、政策、系统）
4. 对技术的使用
5. 业务战略
6. 产品与服务
7. 领导力（工作人员、当选人员）
8. 社区与文化
9. 财务状况
10. 硬件及办公地点
11. 公共政策

美国社团领导力中心与一位行为研究专家进行了合作，请他指导开发出包括多重数据导入和多重模板在内的一整套程序和工具。我们对其进行了结构整合。尽管信息在本质上有所不同（结构性与定量的信息相对于开放性与定性的信息），但这种处理可以确保这些程序和工具在关注点上保持统一并且相互关联，其中的变量作为最小公分母。

无论是在设计还是实施过程中，我们都按照较高的专业标准来开展行为研究。这涉及通过不同的媒介收集不同种类的数据，并在研究初始阶段设置的假设前提下进行验证。换言之，我们试图通过验证得出哪些变量与持续、杰出的组织绩效关系最为密切。

专题组采用了以下程序：

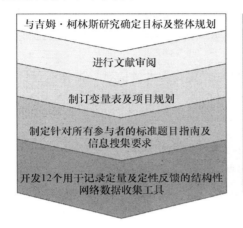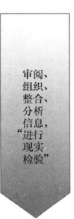

两位研究调查员针对访谈的问题进行了实地考察。他们从专题组中选取了四家有代表性的协会，根据对这四家的考察中所得到的反馈又对已经排列出的访谈程序进行了调整。

研究调查员们配备了包括备查清单和问题列表在内的数据收集工具，对研究组和对照组的全部协会进行了现场访谈。他们采访了各协会的 CEO、在协会工作时间不等的资深人员和辅助人员。对18 个协会的每次采访都做了记录，并附在相应协会的详细报告之后。

此外，每个参与研究的组织都提交了三大包文件——财务报表、990 表格、年度报告、产品样本、出版物、营销计划、会员调查结果、董事会会议纪要等。研究调查员在财务数据的基础上制作了图表，以标明净收入、净盈利、净资产占总支出的比例，成员自然减员以及储备水平等历史数据。

数据收集过程结束后，还需要协会方面的专家审阅这些材料。在这一阶段每一对协会都分配到两位专题组成员，他们的任务是研究协会提交的财务报表、书面报告、访谈记录及其他材料。他们其实已成为所负责的两个协会有关情况的专家。每个小组至少到美国社团管理者学会及社团领导力中心访问一次，因为这里保管着所有提交的材料（所有专题组成员以及参与研究的人员都签署了保密协议）。

为指导各评估组处理收集到的大量信息，柯林斯设计了一个分析框架。他提出了三个问题，每个组以此为基础从数据中得出结论：

- 你发现了哪些与常规理念相悖之处？
- 这些组织有哪些共同之处？换言之，一个组织有哪些要达到优秀所必备的要素？
- 哪些因素导致了研究组和对照组之间的差异？

在汇总了与协会管理有关的常规理念（见附录4）并讨论了另外两个问题之后，专题组意识到还缺少一些必要的信息。每个组又派出一位代表进行一次后续现场访问，包括对每位 CEO 进行采访，以填补信息空白，同时更好地感受每个组织的文化和硬件设施。专题组设计了一套访谈问题，以确保每个小组成员根据相同顺序提出相同的问题（见附录3）。

补充数据的工作完成后，每个小组成员又建立了一份单独卷宗，对研究组和对照组成员的相同和不同点进行了分析。接下来，每个小组的两个成员将其想法汇总形成小组卷宗，并分发给专题组的其他成员（见附录3）。

2006 年 1 月，专题组开会审议了全部的九份卷宗，就两组研究对象间的相同和不同点展开了讨论，甚至是辩论，同时也测试了常规理念的正确性。本书记述了这次会议的成果。

可能性与论证

人们通常认为科学是论证的过程。恰恰相反，科学是预测的过程。科学研究的目的是解释关系，并在数据分析的基础上预测未来事件的结果。

某一特定事件或行动是否导致一个特定的结果很难确定。一个结果往往是几个变量共同作用所产生的。理解了变量之间的关系才能在此基础上预测结果。

举例来说，一些批评家指出，吸烟会导致癌症这一结论并未被证实，因为只需一个反例就可以推翻这个假设：某个吸烟的人从未患上癌症。但确有研究证实，吸烟的人比不吸烟的人更容易患上癌症。

而且有家族癌症史的人比没有该家族史的人更易患癌症。当家族史和吸烟这两项因素结合到一起的时候，患癌症的概率就更高了。这时，你就可以更有信心地预测患病的可能性。

"成功之道"专题组希望找出使卓越协会区别于对照协会的一些共性。这些因素能在多大程度上促使一个协会实现卓越并不在本研究范围之内。但是一旦确认某些举措与卓越品质的关联性，我们就可以研究出一套方法来预测其他一些有着类似举措的协会实现卓越的可能性。

我们采用一个2×2的分析表格来确定卓越协会的预测因子。例如，假设要决定眼睛的颜色是否与头发的颜色有关。如果分别有10个金色头发和10个棕色头发的人，2×2分析表格如下：

头发颜色

是不是棕色眼睛？		棕色头发人数	金色头发人数
	是	5	5
	否	5	5

每个单元格都有5人的情况是很少见的。只有在这种情况下，我们会得出头发的颜色与眼睛的颜色无关的结论。然而，如果大部

分棕色头发的人眼睛也是棕色的，大部分金色头发的人眼睛不是棕色的，那么，我们会认为头发的颜色与眼睛的颜色是有关的。

我们用同样的逻辑来推断哪些因素与卓越协会有关。针对每项法则，例如服务于顾客的文化，我们都会考察在研究组和对照组是否都观察到同样的情形。两个组中的各有一半组织展现出某一因素而另一半完全没有的情形是很少的。而只有这种情况才表明某一法则与卓越协会没有关系。而如果分布情况不是这样均衡的话，则说明某一法则与卓越协会间存在着联系。

如果某一法则在6个以上的研究组协会中有所显现而在对照组中的显现少于6个协会，我们就认为这是卓越协会的特征而不是对照组协会的特征。我们的标准是，只有当2×2表格至少达到以下样表的分布时，这一法则才算成立。

法则：服务于顾客的文化

		研究组协会个数	对照组协会个数
是否表现出服务于顾客的文化	是	6	4
	否	4	6

这一逻辑也是我们确定研究结果的基础。我们只挑选那些大多数研究组成员都表现出来而大多数对照组成员都没有表现出的因素。当然，在我们确立的法则之外还可能有其他一些值得注意的变量。但这7个成功法则是研究组所独有的，因而被认为是与卓越协会有关联的。

各小组的卷宗显示，所有18个协会的分组定位是准确的。在9个配对中，研究组的协会在绝大多数领域的表现要优于对照组的协会。这并不是说对照组就没有任何闪光点，恰好相反，在某些情况下，对照组的协会表现得几乎和研究组的协会一样出色。

专题组通过讨论总结出研究组和对照组之间及其内部的积极和

消极的相互关系。专题组反复研究了这些关系，发现有些确实经得起推敲，而其他一些或因不代表多数情况或因证据不足而未能成立。同样，一些常规理念在研究中再次得到验证，而另一些已被普遍接受的认识却被证明根基不牢。

专题组成员发现，越是深入探讨"哪些因素最可能引导一个协会走向卓越"这个问题，结果就越趋清晰。最后，他们依据财务数据、访谈、实地考察、材料审阅以及自身从事协会管理工作的经验作出了判断。

承诺

三年的数据收集和分析工作最终聚焦在 7 大要素或成功法则上，正是这 7 个要素使得卓越协会脱颖而出。这些特征深深植入卓越协会机体的 DNA 当中。它们不仅仅是一种目的、愿望或市场信息，而是代表了这些组织一直以来所信守的承诺。

下面的章节将举例详细阐明这 7 项法则。没有哪项法则更为重要，它们对协会持续创新、发展和壮大都作出了同样的贡献，因此在陈述时并不是按照重要性排序，而是将其归纳为三类。

研究组的每个协会都在这七大成功法则上作出了表率。

注重目的

服务于顾客的文化——"我们随时为您服务"的态度不仅在每个与会员接触的工作人员身上得以体现,而且已渗透到整个组织的结构和运行程序当中。

根据宗旨确定产品与服务——协会所提供服务的广度和深度都紧紧围绕协会的宗旨,即使在外部环境发生变化的情况下宗旨也始终如一。

注重分析和反馈

数据驱动战略——卓越协会善于收集信息,并能够通过信息共享和分析确定所应采取的行动。

对话和参与——在协会内部,员工和志愿者彼此间就协会的发展方向和优先领域保持经常的沟通。

CEO 作为意见调和人——CEO 本人应富于远见,但是更重要的是,他能够在整个机构内推行前瞻性的思考。

注重行动

组织调适能力——卓越协会应对变化并从变化中吸取经验;它们乐于迎接变化,但也清楚哪些是不应当变的。

联盟建设——协会即使安然无恙也去寻找合作伙伴和项目,以有助于实现其宗旨和目的。

一叶知秋

需要注意的是,研究组的 9 个协会只是卓越协会的几个范例。它们并不是仅有的 9 个取得杰出成就的协会,也不是只有这 9 个协会才有资格被冠以"卓越"。毫无疑问还有其他协会在会员服务和财务状况方面取得了同样的成功。

研究组的9个协会是卓越协会的缩影，并为我们指出了通向成功的路径。卓越协会的这7项法则并非要为每个协会设定一个照搬的模式。事实上，尽管研究组所有的协会都表现出这7个要素，但每个协会的表现方式却各有不同。例如，北美放射学会和美国女童子军在外部形象和运营模式上都有所不同，但两家都同样注重目的、分析反馈和行动。

☆ ☆ ☆ ☆ ☆

需要注意的是，研究组的9个协会只是卓越协会的几个范例。它们并不是仅有的9个取得杰出成就的协会。

这7项法则旨在给那些期望提升协会绩效以取得更大成就的员工和志愿者们提供一种指引或灵感。

第二章　搭台

对卓越协会的成功之处进行严格和客观的研究是项很具挑战性的工作，这可能也从某种程度上说明了为什么有关协会的这类研究少之又少。

我们对协会管理的很多认识大都建立在传闻、个人经验、常识以及商业和其他领域的一些研究成果上。仅仅依靠这些信息来源有明显的局限性。首先，从这些渠道搜集到的信息往往只适用于特定情况。从一种情况推导到另一种情况可能是有问题的；对一个协会适用的方法用于另一个协会时可能就会导致失败。当我们采取某种时下流行的解决方案时，我们可能正在拿协会的稀缺资源来冒险，包括时间、金钱、关注点及付出的努力。这类方案可能听起来不错，但长远来看并无太大意义。

客观的研究是探讨哪些行为、措施以及态度会对一个组织及其成功产生战略影响的最有效的方式。这正是美国社团领导力中心的"成功之道"专题组在试图挖掘协会成功秘诀时所采用的路径和方法论。

智力基础

从一开始，专题组就仔细地研读了《基业长青》和《从优秀到卓越》两书，并接受了书中的研究成果。吉姆·柯林斯和杰里·波拉斯理解到了一个组织的核心理念和实践与其灵魂之间的那种重要却无形的关系。作为依宗旨行事的组织，协会依赖于这些理念和实践。

那些真正不同寻常的公司之间到底有哪些相似之处，他们又与其他公司有何不同呢？这个问题成了《基业长青》一书的基础。柯林斯和波拉斯从了解富于远见的公司着手，主要是那些历经数代、经历过领导者和产品周期的变更而取得成功的公司。这一研究的成果《基业长青》一书聚焦于一些成立于 1950 年之前的行业巨头，像波音、IBM、索尼、宝洁，还有默克制药。

在柯林斯和波拉斯研究的 36 家公司中，18 家被认为是有远见的，而另外 18 家则与之形成对比。他们将 18 家真正出类拔萃的公司从生命力、持续的强劲表现和良好的财务状况来评判，与那些表现优秀而且取得成功，但相对不那么杰出的竞争者进行了比较。

柯林斯和波拉斯发现有远见的组织长期取得成功的概率要大得多。他们把"愿景"这一概念定义为对我们是谁以及我们的发展方向在哪里的一种国际化宣言，并由此确定了愿景的四个关键要素：核心思想体系，核心目的，宏伟、大胆、冒险的目标（体现愿景的雄心壮志）以及对目标的具体描述。在《基业长青》书中，作者还挑战了许多权威商学院及专家深信不疑的一些常规理念。

在他接下来的《从优秀到卓越》书中，柯林斯将注意力集中在那些初创时期就表现优秀而且逐步发展为卓越的公司。他思考了这样一个问题，是什么使这些公司区别于那些仅仅停留在优秀水平的公司呢？

在《从优秀到卓越》成书的研究过程中，柯林斯采用了很客观的标准。根据这一标准，研究组对"财富 500 强"企业的股票表现进行了分析。他们从这些企业中选出了 11 家公司。相对于同行业的其他一些股票价格表现不错但不够显赫的公司而言，这 11 家公司的股票价格从一开始就取得了佳绩，并一直保持着强劲的增长势头。

针对每个卓越公司，柯林斯又从其所属行业中选出一个相对应的公司，后者享有同样的机遇和资源但却没有实现从优秀到卓越的转变。这些对应的公司构成了对照组。

《基业长青》和《从优秀到卓越》两书共同确立了一个概念框架。正是在这个框架上，卓越公司与仅仅表现不错的公司形成了对比。这些概念是：

第五级领导者。第五级领导者首先是要对所进行的事业、所管理的组织及所从事的工作——而不是对他们自己——有一种抱负，而且也有强烈的决心为实现这种抱负去采取行动。一个达到第五级要求的领导者会体现出一种个人的谦虚和专业意志的奇妙融合。

先找对人，再决定做什么。那些经营卓越组织的人在研究他们这辆巴士开向何方之前会确保找到适合的人上车，请不适合的人下车，并为每个适合的人选定关键的座位。他们往往是先考虑人选，然后再决定要做什么。

面对现实。不管遇到什么困难，也能够保持坚定的信念，坚信自己能行并一定能成功，同时还能直面现实中最残酷的事实。

刺猬原则。卓越是由一个简单而连贯的信念以及与之相一致的一系列正确的决定而成就的。刺猬表示的是一个运营模式，它反映了对相互交叉的三个圆的理解。那就是：在这个世界上你在哪个方面可以做到最好，你最热衷于什么以及什么因素可以最好地发动你的经济或资源的引擎。

纪律严明的文化。可以把铸就卓越的文化基石描述为：有纪律的员工、秉承有纪律的思考、付诸有纪律的行动，他们在责任的框架内自由地运作。在纪律严明的文化中，人们所承载的不是工作而是责任。

飞轮。卓越品质不是凭借某个简单的行为定式、宏大项目、出色的创新、机缘巧合或者某个神奇的瞬间就可以造就的。这个过程更像是朝着一个方向坚持不懈地推动一个巨大而沉重的飞轮，周而复始，不断积攒能量直至实现突破，然后超越。

造钟，而不是报时。真正卓越的组织都是经历了几代领导人才繁荣起来——而不是依靠某位卓越的领导、某个伟大的想法或某个特定的项目实现的。卓越组织的领导们并不着力塑造人格魅力，而是致力于建立一种催化机制来激励进步。实际上，他们中的很多人选择"淡化魅力"。

坚持核心价值/激励进步。生命力长久的卓越组织基本都有一种二元性特征。一方面，他们有着坚定而长远的核心价值和核心目的；另一方面，他们又毫不迟疑地追求改变和进步。这种创造性的要求往往表现为宏伟、大胆、冒险的目标（BHAGs）。卓越组织能清楚地区分长期不变的核心价值与不断变化的运营战略和文化实践，以适应变幻莫测的外部世界。

在柯林斯的工作中，"成功之道"专题组不仅发现了一种对于研究来讲行之有效的方法，还发现了一些定义完整的理念，而这些理念有待于在协会的运营中得到验证。

第三章　注重目的

注重目的：
坚持服务于顾客的文化
并根据宗旨确定产品与服务

如何衡量成功？

对于这个问题，研究组里一个协会的 CEO 答道："我们衡量成功的标准是我们与会员的关系到底有多密切：我们是否满足了他们的需求？我们是否预见到了他们的需求？"

这种以会员为本位的态度和工作重点在研究组表现得十分突出。在如何组织和运营的问题上，研究组里的协会往往首先关注他们能够通过预见和满足会员的需求为会员提供哪些服务。

☆ ☆ ☆ ☆ ☆

成功的七大法则

注重目的

1. 服务于顾客的文化
2. 根据宗旨确定产品与服务

注重分析与反馈

3. 数据驱动战略
4. 对话和参与
5. CEO 作为意见调和人

注重行动

6. 组织调适能力
7. 联盟建设

会员自己的协会，由会员管理，一切为了会员

法则1：服务于顾客的文化

当被问到协会为何而存在时，大多数的员工会回答"我们是为会员服务的"。这是一个预料之中而且不会出错的回答——而对于卓越协会而言，这是一个实事求是的回答。

在为会员服务方面，卓越协会并不只是嘴上说说，而是在一举一动上都体现出对会员的承诺，无论是接电话，还是回邮件，还是开发高质量的产品与服务。"如果不是为了会员，这可是一份不错的工作。"这是协会的员工常有的幽默说法。而在卓越协会，即使是悄悄开玩笑时也决不会听到这样的声音。

第一项法则，**服务于顾客的文化**，并不仅仅体现在与会员接触的员工个人身上。卓越协会的组织结构、程序和互动关系——他们的全部文化——都围绕着评估和实现会员的需求和期待而建立。

☆ ☆ ☆ ☆ ☆

随处可见的服务精神

美国牙科协会组织全体员工进行顾客服务培训，以突出为会员提供优质服务是每个员工的责任这一核心理念，并特别向员工阐明一个宗旨和五个价值，以支持其整体目标。

宗旨

美国牙科协会全体员工作为忠实伙伴为牙科业及其服务对象贡献知识、经验和专长。

价值

1. 我们工作的目的就是为会员服务。为同一目标群体服务的利益共同体及寻求我们支持的同行们也秉承同样的理念。我们是为了同一目标而工作的同一团队的成员。

   - 会员工作是每个人的业务
   - 多样性提升我们共同体和工作的价值
   - 支持口腔健康在全球的发展
   - 为牙科业感到骄傲

2. 我们每个人都有责任确保所有会员、潜在会员、同行及其他服务对象的需求得到及时、准确和礼貌的答复。

   - 不仅仅为了回答问题而倾听，更应注重理解问题本身
   - 知识共享

- 达到并超越期望值
- 清晰地沟通

3. 我们为自己的工作感到骄傲。

   - 大事小事同样认真对待
   - 带着热情解决问题
   - 勤奋工作，创新高效
   - 自尊、诚信、奉献

4. 态度的感染力。

   - 态度和蔼、彬彬有礼
   - 尽职、专业
   - 注意称赞、认可和感谢
   - 领导以身作则
   - 享受工作：从职业生活中得到乐趣

5. 注重以下特点使我们得以发展、壮大。

   - 信任和互相尊重作为基石
   - 创造学习和发展的机会
   - 提供工作所必需的工具和信息
   - 公平待人
   - 奖励贡献，令每个人都感到自身存在的价值
   - 鼓励创新和适度的冒险

这种工作重心的统一贯穿在整个组织当中。包括员工、领导和会员在内的每个人都明确协会的服务对象，并确保会员不仅是其工作的中心，而且要处于焦点位置。没有人去主观臆断会员需求，而是仔细征求、倾听意见。

由于要优先考虑会员所面临的需求和挑战，因此有时协会作出的反应看起来会与其自身利益背道而驰。例如，美国通用承包商协会的分会反映协会的会费结构过于复杂并且最高会费太高，协会因此改变了其会费结构。降低会费意味着协会预算的缩减，并会由此带来会员服务方面的变化。但美国通用承包商协会采取措施注重会员普遍关心的问题，这也就是重新确定协会的任务。

不断探索

为会员提供优质服务并不是说"会员要求我们做什么我们就做什么"。它意味着协会努力去理解会员的需求和意图，并在宗旨的范围内去实现它们。这就要求协会不断地根据会员的需求和期待去探索机会和可能性。

在这方面，美国女童子军提供了一个有趣的例子。该组织从未忘记是为谁而存在——那就是为女童子军们。事实上，其总部大楼的隔间全部用女童子军的材料装饰，包括会员照片，仿佛时刻提示着该组织的愿景：把女童子军带到每个女孩子身边。

然而，虽然对其目的保持绝对清醒，美国女童子军也同时认识到它的目标群体与其顾客是有区别的——后者是推动女童子军项目执行的各地方委员会。这正是美国女童子军投入相当大的资源开发可以帮助地方委员会有效运转的软件和研究专著等工具的原因。

"我们需要如何改变才能真正地实现我们的宗旨？"这是美国女童子军不断思考的问题。因为除了基本价值不变，任何东西都在变化之中。

　　这样一来，"令女童子军深入每个女孩子的心"就不仅是传统意义上的组织军队了。美国女童子军开发出女孩子们可以参加的灵活多样的项目渠道，例如，通过郊区的课后活动和城市社区的青少年中心来推广女童子军项目。另外，"管教中心女童子军计划"为监禁中的女孩子们提供了许多参与美国女童子军活动的机会。同时，"跨越高墙的女童子军计划"为监禁中的母女探望提供了方便。

　　尽管可能很少有人会将女童子军的目的——"以最高的品格要求来激励女孩子"与管教中心的女孩子联系起来，但是这样的项目仍强调了组织的根本目标，即不是为了树立某种形象去作秀而是要真正关注组织的会员。

　　这种目的的明确性是与达成目的所需手段的现实性密不可分的。美国女童子军不仅对宗旨本身充满热情，而且同样认真而执著地集中其资源、才干和专长来有效地实现其宗旨。作为一个典型的例子，美国女童子军的公共政策和宣传计划清晰地强调了两方面问题：那些直接关系到女孩子们的问题和那些关系到协会权益的问题。

☆ ☆ ☆ ☆ ☆

挽留会员

对俄亥俄注册会计师学会的新增和保有会员数的分析显示，该学会在决定为会员提供更多服务之后，即使在行业或经济动荡时期，会籍或参与情况也没有发生太大幅度的摇摆。俄亥俄注册会计师学会甚至以免入会费的方式向通过州注册会计师考试的个人提供一项全年的优惠。

为提醒会员学会是为了满足他们的职业需求而存在的，俄亥俄注册会计师学会在会员保有方面作出了特殊的努力。其六步方案的第一步就是向准备退会的会员发出两份书面通知。如果必要的话，随后还会给本人打三次电话，通常是由负责会员工作的副主席、CEO和拟退会会员的一位同事来进行。这种层次的个人沟通对于一个有着23000会员的学会来讲也是不小的工作量。

最后，俄亥俄注册会计师学会还要通过其每月的杂志发送一份温馨提示。杂志的封面与其他会员收到的杂志没有两样，而里面的内容却都是空白页，只有写给拟退会会员的一段话："如果您没有退会的话，这本杂志将全都是您感兴趣的信息和文章。"

宗旨驱动而非利益驱动

法则2：根据宗旨确定产品与服务

协会成功的第二项法则是根据宗旨确定产品与服务。卓越协会在谈到如何实现其宗旨时总是充满热情，而且还时常检验其开发产品的思路是否符合宗旨的要求，以此作为检验一切工作的试金石。

然而，对目的的热情不一定能转化为工作效率。在对照组中，我们发现一些协会的员工和会员在讨论到协会的建立和存在价值时也是热情洋溢。但尽管这些协会对于其初创宗旨十分明了，这种热情却并未在其前进道路上发挥应有的作用。在许多情况下，这些协会未能将其宗旨与界定其属性的战略方向、运营、产品和服务等方面的发展结合起来。

而研究组的协会总是在不断地探讨其项目和服务与宗旨之间的联系。大部分协会都或多或少地组织常规系列会议、贸易展览、专业出版、教育项目和联谊项目。虽然各协会在产品和服务的深度、广度和性质上有所不同，但他们的工作重心都放在将服务与其宗旨的紧密联系上。即使在外部变化、社会变迁和会员自身发展的情况下，这一工作重心也极少动摇。从这点来看，卓越协会是真正由会员驱动的组织。

例如，美国女童子军的员工和领导一直在思考一个核心问题：当今女孩子们的需求和我们一直所秉承的宗旨有什么关系？正是这样的思考引发了对已有项目和服务的改变和新的动议。

再来看北美放射学会的例子。北美放射学会曾为 21 个相关的分支机构和专业组织提供协会管理服务。几年前，北美放射学会认识到从事协会管理业务与其教育放射专业人员和支持放射研究的宗旨并不符合。学会因此采取了严格但有争议的一项措施，仅保留了与其核心目的关系最密切的三个学会而脱离了与其他学会的关系。这三个学会在北美放射学会内部成立了一个学术委员会，主要任务是促进放射学的研究、教育和从业人员的职业发展。

对照组的一个协会在管理会员单位的特殊利益群体方面遇到了类似的问题。由于该协会不愿也没有能力决定应对办法，于是他们继续在这个问题上耗费财力、人力和机构能量。协会也因此不能聚焦于其宗旨以实现卓越。

恰如其分

只要协会根据宗旨确定服务，即使未达到预定成果，也能保证将该做的事情做好。毫无疑问：卓越协会直指要害。但他们只有在确认满足了会员需求并确保朝着其愿景前进的情况下才会认定自己取得了成功。

卓越协会将会员作为服务的目标人群来对待而不是将其视为销售产品的市场。事实上，对于不能直接为会员提供帮助的产品或服务，即使会产生收益，协会也会断然拒绝。

全美郡县协会是一个典型的将满足会员需求这一承诺作为其驱动力的协会。能否赢利是其次的考虑。正如其员工描述的："项目的目的是我们的最高目标，即我们如何能够帮助那些郡县？只要一件事情达到了这个标准就没有人可以将其排除在外。"

全美郡县协会的一个成功案例发生在美国共同体政府采购联盟（US Communities Government Purchasing Alliance），这个联盟是由全美郡县协会与国际学校业务官员协会、美国政府采购协会、美国城市联合会和美国市长会议共同发起的。美国共同体政府采购联盟是在郡县长期资金不足的情况下发展起来的。它的存在使得地方政府机构在购买办公用品、技术产品、卫生用品、公园设施及其他物品时可以集中采购力量获得批发价格。全美郡县协会本来也可以在一个规模小得多的范围内安排团购，例如典型的亲和服务项目。但是这样做会影响到其宗旨。

作为该项目的共同管理方，全美郡县协会与一个志愿的顾问团体合作来确定和评估备选产品并监督供应商的竞标过程（与协会领导有关联的供应商不能参加竞标，并且参加评选的官员不能干预竞标评选程序）。

全美郡县协会也与各州的郡县协会合作来推广美国共同体政府采购联盟。2004年，美国共同体政府采购联盟登记的销售额达到5亿美元。根据全美郡县协会的估算，通过该项目采购为地方机构节约了达20%的经费。

　　此外，全美郡县协会还提供了一个补充性的郡县退休人员计划、债务追偿服务、针对员工背景调查的人力资源咨询计划以及与环境污染责任有关的保险赔偿服务。全美郡县协会的员工说："我们试图找到郡县市场中还没被填补的空缺。发售优惠信用卡可以带来很大利润，但因为对我们的客户没有益处，所以没有采纳。"

　　类似的情况北美放射学会也曾遇到过。有一家公司向北美放射学会提出了一个固定、长期的放射设备展示建议，这种展示将从根本上代替北美放射学会的贸易展览。北美放射学会董事会投入了6个月的时间和6万美元的资金来研究该方案，并认真考虑了与这家公司的业务合作。虽然该公司承诺付给双倍的价格，北美放射学会最终还是放弃了这个计划。对其CEO来讲，只需一个简单的电话解释原因："很明显这个计划与我们的宗旨不符。"

　　对全美郡县协会、北美放射学会以及研究组的其他协会而言，考虑一项产品或服务时是否有可能赢利并不是先决条件。而这种态度在对照组并不普遍。我们发现有几家协会都根据能否创造净收入来评估产品和服务。

☆　☆　☆　☆　☆

　　"美国退休者协会的会员超过3600万，志愿者和员工有几千人，在53个州和地区有力量可观的办公机构。美国退休者协会是独一无二的。我们通过社区宣传、出版物、网站、广告和其他渠道提供有价值的信息。我们研究如何更好地倾听和理解会员的需求。我们通过规章、立法和诉讼倡导对会员具有重要意义同时也有益于公共福祉的理念。我们坚持彻底的无党派主义并以此为荣。我们的总体目标是令每一位老人都过上更好的生活，实现他们个人无法达到的目标。"

——美国退休者协会CEO比尔·诺韦利

　　有这样一个案例，一个协会的会费收入下降，面临财务危机。在寻找应对措施的过程中，他们发现可以通过为国外组织提供服务而获得联邦政府补助金。这项服务带来的收入暂时解决了财务危机，但却在会员那儿遇到了很大麻烦，因为会员们抱怨补助金项下的活动并不符合该组织的宗旨。

　　该协会由于将注意力转移到与其宗旨无关的活动当中而未能把握会员的需求，并由此而减少了为会员提供的服务。很多会员由于对此不满而不再续交会费。结果表明，协会的举措并没能避免财务危机，只是延迟了危机到来的时间。

　　另一个案例是，对照组的一个协会曾策划过那种从财务角度看起来不错但却不可避免地与其会员需求或市场有所偏离的项目。例如，有些项目被州里的协会认为是与其直接进行目标市场的竞争，从而造成关系紧张。这些项目失败的原因主要是对会员和市场情况了解不够。

　　在访谈中该协会的员工承认，他们在寻找产品和市场的过程中总是优先考虑可以赢利的领域，而且是收入越多越好。会员的需求几乎只是事后才考虑到。尽管如此注重财政收入，该协会在大多数年份仍是捉襟见肘。

　　一位员工说道："在这里确实感受到高收益才是真正的关注焦点。很多时候会员的想法从财务上是行不通的，但当我们听到他们的意见，还是尽量使我们正在做的事情符合他们的要求。"

不畏失败

　　卓越协会勇于探索与其宗旨相符的产品与服务的最佳组合。他们执著地坚持其核心目标及相关活动，同时也尝试新的举措。更重要的是，他们对失败有充分的准备。全美郡县协会的一个员工说："我们把项目看成是摊煎饼，前两张往往是要扔掉的。"

这番话可不只是幽默，它反映了全美郡县协会的文化准则，那就是失败的产品和服务并非像垃圾一样被扫到地毯下掩藏起来。员工和志愿者们公开分析失败的原因和教训，并寻找其他可能的途径来重新利用相关信息或概念。

勇于尝试、不畏失败、不断探索更好的服务会员的新途径，这一点在研究组的协会中表现十分明显。在多数情况下，卓越协会的受访者坦诚地谈论因各种原因而未达预期效果的产品和服务：吸引参与者方面的失败、未能在多数会员中产生共鸣或经费周转不利。他们还谈到使用中的服务评估和改善系统。

☆ ☆ ☆ ☆ ☆

探索与否

"这个组织允许我们尝试新事物并宽容失败。他们欢迎好的想法也愿意去实践。"

——全美郡县协会

"在这儿很少有新的举措以至于要失败都是很困难的。"

——对照组配对协会

卓越协会不热衷于长期的试验项目，他们也不会花上几年时间补救一个失败的项目。美国退休者协会研究部的一位员工解释说："我们有些项目从一开始就不太成功，但我们在调查研究的基础上进行改进。我们从失败中学习。我们要么放弃一项失败的产品，要么对其调整后重新投入使用。"

北美放射学会也承认虽然新项目或新产品在投入使用前都要经过评估程序，但失误仍然存在。谈到协会如何面对产品的失败，一位员工言简意赅地说道："人们谈论失败，乐观对待并从中学习。"

　　面对研究调查员的访谈，对照组协会的员工则没有这么直率。他们不仅不愿谈论产品和项目的失败，而且往往无法描述协会从失败中学到了什么或做了哪些改进。

第四章 注重分析与反馈

注重分析与反馈：
坚持实施数据驱动战略，
坚持对话和参与，CEO 担当意见调和人角色

　　卓越的协会往往根据宗旨确定产品与服务，并以会员为工作中心。但是怎样才能知道他们是正中目标，还是失之千里呢？那就是利用所有可能的方式方法，一次又一次地反问自己这一问题。

　　研究组中的协会不断地对自身及其会员所处的环境进行研究。他们不仅仅局限于正式研究——这种研究所有组织都在做，而且做得很好——而是寻找一切机会与会员对话，并鼓励员工与志愿者间开展对话。之后，他们根据收集到的信息采取行动，例如，改进一种产品、介绍一种新的服务或通过董事会的研究来启动变革等。我们还发现，CEO 在此过程中扮演了一个重要的、在某种程度上可以说是低调的角色，促使行动发生。

☆ ☆ ☆ ☆ ☆

成功的七大法则

注重目的

1. 服务于顾客的文化
2. 根据宗旨确定产品与服务

注重分析与反馈

3. 数据驱动战略
4. 对话和参与
5. CEO 作为意见调和人

注重行动

6. 组织调适能力
7. 联盟建设

数据、数据、数据

法则3：数据驱动战略

如果要用一个词将卓越的协会与它的对照组织区分开来的话，这个词就是"数据"。他们收集信息、分析信息，然后利用信息改进自己。研究结果——无论是定量的还是定性的，正式的或非正式的——都付诸使用，而不是束之高阁。

这第三条法则**数据驱动战略**指的是卓越的协会所体现出的一个连贯的循环过程：他们不懈地跟踪会员需求、了解会员的问题及其所处的大环境，然后综合分析数据，研究"我们现在掌握了什么？接下来怎么办？"等问题，以便达成共识，之后将研究结果应用于其战略与行动计划。

但是数据收集并不到此为止。在前期所得的基础上，它又开始新一轮的收集、分析和行动，从而形成系统有序的循环。

例如，美国女童子军坚持不断地研究影响女孩的社会趋势，而女孩也正是该协会存在的基础。一些研究是由女童子军研究院来进行的，它是一个独立实体，关注公共政策的制定和有关项目，包括通过美国女童子军的市场研究功能与美国人口普查办公室校准数据。

"女孩们的需求和经历是如何变化的呢？"美国女童子军每问一次这样的问题，就意味着它在以全新的视角看世界。研究结论在组织内部、总部和地方组织以及员工和志愿者之间进行横向与纵向的完全传递，最终形成吸引当代女孩的新项目。

最近几年，美国女童子军的数据驱动战略促成了一系列新项目的开展，其中包括旨在帮助女孩子提高数学和金融技能的项目，预防骨质疏松症的"全国骨健康活动"，让女孩们与女科学家相结合的"女孩与技术"项目以及一项反暴力教育项目。在密切关注户口普查资料的基础上，美国女童子军能有目标性地对双语资料和特殊项目及早作出反应，以适应西班牙裔女孩人数的增长。

相反，对照组的一家协会没有做类似调研，领导层看不到未来的人口变化及其对协会传统会员基础的可能影响。由于协会除了服务传统会员，在针对其他群体的项目发展上滞后，致使其不仅面临会员流失的状况，而且在保持其品牌上也须耗费大量精力。由于对外界环境和会员发展趋势缺乏研究，对如何在忠于宗旨的前提下适应变化缺乏思考，这家协会逐渐失去了活力。

研究组的协会除了进行正式市场研究或环境调查之外，还善于从与每一个会员的接触中挖掘数据。

卓越协会的员工和领导经常倾听会员意见，并分享与会员接触得到的信息。同时卓越的协会也实事求是：他们从不自大地认为自己知道的比数据告诉他们的要多。当新数据显示当前的项目错误时，无论原先设想得多么美妙，卓越协会也会毫不犹豫地进行调整。美国心血管学会的一位员工说："我们做市场调研，做可行性研究，因为这样我们可以把数据带到董事会上。我们决不会仅仅因为它听起来像个好主意，而盲目地去做某件事。"

☆ ☆ ☆ ☆ ☆

尽职调查

一些简单的内部研究和分析可能会阻止对照组中某个协会在财务上的失误，而这些失误往往带来严重后果。

例如，该协会决定与一个财务上缺乏稳定性的网站开发商合作，启动一项电子商业项目。结果不仅遭受了经济损失，而且在之后几年中都没能改进其网络上的表现。

另一则例子是该协会将自己最盈利的部门变为一个独立的实体，但对新实体的财务状况并没有继续保持关注。一位员工用"放走了金牛"来形容这一决定。事实上，该协会一直努力多年才弥补上这个决定所造成的经济损失。

综合系统

下面是从研究组选取的另外一些有关数据驱动的例子：

● 美国心血管学会有两个团队作外部环境调研。内部（员工）团队成员重点关注美国心血管学会认为对其未来发展至关重要的五大主要领域，例如，人口统计学或经济，每人负责跟踪一个领域的动向。而外部团队成员则定期审核这些动向所传达的信息，从他们的视角提出意见。美国心血管学会的分会也进行动向观察。所有结果都被用于年度计划以及长期战略目标的制定。

执行委员会同时也是战略计划委员会，为每个战略目标制定主要措施。这些措施包括出版物及会议的数据统计（参加人员、阅读人数、摘要提交），会员数目（满意度、会员保持），客户服务（来访中心等待时间、网站进入）及财务表现（收入增长、收入渠道）。美国心血管学会的领导层每季度都对年度项目进行评估，看是否有利于战略目标的实现，并在需要的时候做出调整。

- 除了关注实时的焦点群体和调查包括征求顾客意见之外，美国牙科协会依靠其 11 个委员会来研究和报告与某些具体领域相关的事项，并向董事会提出建议。长期以来，美国牙科协会总是在不断调整内部及志愿者的结构，使之更好地契合其战略需要和机遇，这使得该协会似乎总是在努力使自己的结构更好地适应需求，而不是让问题来适应其原有的结构。
- 美国人力资源管理学会定期开展阅读面和广告调查、会员需求评估、会员认知调查、工作环境研究、网站使用分析、产品评估以及与会员的非正式讨论。

美国人力资源管理学会还维护着一个数据库以便追踪会员活动。"我们观察他们买什么书，做什么事，问什么问题，用什么资源。"一名员工说，"我们尽可能多地分析信息，以便了解他们的需求，提供更好的服务。"

- 美国通用承包商协会在其网站上发布问卷，向会员们提出关于潜在产品和服务的各种问题：你对该产品感兴趣吗？你愿为此项服务花多少钱？你喜欢哪种方式？这对您的业务重要吗？答案经过分析后，用于决定所需成本和时间，是否需要雇人开发这种产品以及生产时间安排。

"在一项产品的生产启动之前，我们就知道了客户群及产品市场的情况。"一位员工说，"而购买我们产品的用户也知道我们做过调研。"

网站调查是对会员满意度和需求、环境和竞争动向的正式研究以及美国通用承包商协会专职经济学家所做的经济预测的一个补充。这都是美国通用承包商协会形成新动议的方法中的一部分，这些方法还包括指定将多少百分比的年度市场营销预算用于业务/产品开发。在这一领域，美国通用承包商协会也制定了具体目标（例如，"产品线收入年均增长 10%"）。美国通用承包商协会的会费收入曾在其总收入中占很大比例，十多年来，依靠上述措施，美国通用承包商协会将对会费的依赖程度降低了 26%。

☆ ☆ ☆ ☆ ☆

客观调研与主观臆测

"我们通过与会员、员工的互动，通过调查和研究，询问很多问题，以求更多地了解我们的会员。"

——美国人力资源管理学会

"没有，我们没有做任何正式的调查或研究。"

——对照组配对协会

我们还注意到，卓越协会的员工通常能清晰地说出他们的竞争对象，并能准确说出自己所在的组织与竞争对象的会员重叠比例。

☆ ☆ ☆ ☆ ☆

付诸试验

美国退休者协会在协会的调研方面可作为金牌标准。它所做的一切都是研究、研究、再研究的结果。大部分的数据收集由一个200人的研究部门设计和完成，主要关注三个领域：医疗与健康、市场营销和会员以及各种类型的外部环境调查。

美国退休者协会每年都进行员工满意度调查、员工离职访谈、会员关注焦点分析、电话调查、意见征询、产品评估调查和人种学及计量经济学研究。它追踪媒体覆盖率及其合作伙伴和所属组织的表现。通过一个外部的访问中心，它时刻关注会员的需求和兴趣点、品牌认可度、支持率和产品满意度以及推介事宜。美国退休者协会对其会员了如指掌，甚至可以说出会员多长时间休一次假、他们最常选用的航线以及喜欢在哪儿购物等。

任何产品或服务都须首先经过广泛、系统的研究才能进入市场。正如一位员工所说："我们已学会不采取行动，除非我们对结果有把握。"一个传统的程序包括：首先对产品和市场营销进行前期测试，而后由评估组进行评估。如果发现问题，美国退休者协会就重新包装或定位产品，并重新做市场测试。

用研究所得的信息来指导各层次的战略性和战术性决策对美国退休者协会内部和外部都影响深远。一位员工说："外部变化包括更高的会员满意度以及正确的决策。在内部，我们想方设法明确程序、提高效率。这样，员工和会员更加满意，而组织也更契合其战略目标和任务。"

美国退休者协会现正在与他人合资建立一家以营利为目的的研究公司，其目标群体是50岁以上的人群。考虑到美国退休者协会在研究方面的丰富经验，这也就不足为奇了。

俄亥俄注册会计师协会甚至有一批会员志愿参加其竞争对手的课程并汇报其经历。一位员工说："他们告诉我们他们所看到的，我们的项目与别人的区别以及我们怎样才能做得更好或更有效。"

简而言之，卓越的协会应该不断地、认真地做着大量的基础工作。

保持对话

法则4：对话和参与

虽然卓越的协会有收集信息方面的专门经验，但他们深知这是不够的。他们同时培养一种文化，以便在整个组织内部分析和共享信息。任何人，不单单局限于高级经理和当选领导，都可以利用数据来推断出协会应采取什么行动。

第四条法则，**对话和参与**，即指一种紧密相连的、一贯的文化，所有的员工不但掌握同一种信息，而且能看到将信息转化成重量级产品的潜力。不管他们是担负领导或辅助性的职务或在幕后工作都没关系，他们都平等地承担着为协会出力的责任。

这种文化是被大量受访者称为"不断沟通"的自然结果。研究组里的很多协会都对人力资源管理学会一位员工的话表示认同，他说："我们互相公开讨论所有的决策。我们期望本着同一宗旨互相合作。"

"我们彼此不存在竞争。"这位员工说，"我们的目的是服务同一群体，并力求做到最好。"这种时刻将组织利益放在个人和部门利益之上的精神在研究组的协会中屡见不鲜。

☆ ☆ ☆ ☆ ☆

有助于分享的架构

1999 年，北美放射学会搬进了新的总部大楼，这一建筑被视为其以团队为本方式的延伸。这座由员工自行设计的总部大楼包含了所有传统的协会总部的组成部分——独立的办公室、衣帽间、会议室等——但是它比大多数类似建筑给人以更明亮、更开放、更有活力的感觉。

北美放射学会的办公区占了两层，通过开放式楼梯连接。所有外墙都装有落地窗，所有办公室都是玻璃墙和玻璃门，使得自然光能进入每个工作角落。唯一装有不透明门的办公室属于杂志部门，因为需将视觉干扰降到最小。

在宽阔的中心接待区外围是北美放射学会四位执行副主任的办公室。这使得所有员工能有机会方便地见到这些高层领导。CEO 的办公室也在附近，而且对所有员工不设限。

打破藩篱

卓越的协会一般来说不存在藩篱心态——即因部门或职责不同而造成的组织架构上的分裂。例如，当问起标志性产品时，卓越协会的员工通常能给出相同的答案，不管他们在哪个部门工作，也不管他们处于哪个管理层。他们对协会是什么及其服务会员的质量抱有共识。

与此相反，对照组协会的员工则往往对组织定位、目标等认识不清。不同部门的员工所认为的标志性产品也不同，通常都只说出本部门的，这一现象非常普遍。例如，某协会的一位资深主任表示："协会的标志性产品和服务与我所在部门的标志性产品和服务有很大差别。"该协会另一名员工则认为："什么是标志性产品和服务取决于你是以收入还是以顾客来区分。"

卓越的协会则避免出现类似的分裂。对于他们而言,一切都是为了会员。因此,他们一贯保持组织内部的沟通,包括讨论组织方向、优先内容以及组织存在的意义(即服务会员)等。以下是一些例子。

- 俄亥俄注册会计师协会的新员工在到任之初的五周内须与CEO会面,由 CEO 向其解释组织目标、任务等。所有员工定期集会,审核俄亥俄注册会计师协会的年度目标及阶段性工作汇报。
- 全美郡县协会定期召集全国员工(如需要,也可包括个人会员)举办"郡县 101"会议,以确保每个人都清楚地掌握其会员的动向。

为强调组织内部信息共享的重要性,全美郡县协会每周召开例会,要求员工互相介绍不同领域的情况,进行互动。同时,它还召开跨部门的协调会,以确保其行动不仅遵循战略计划,而且相互补充。

"我们已在内部消除了藩篱心态。"一位主任说,"以前每个部门都独立运作,他们之间不存在工作关系。但现在我们做到了协调一致。"

- 和很多协会一样,美国人力资源管理学会的员工每月聚会一次,欢迎新员工和庆祝员工任职周年,但同时他们还利用这个机会了解协会的最新进展。在全体员工大会上,CEO 重申总体目标,并讨论美国人力资源管理学会作为一个组织正采取什么措施来达到目标。

正因为有了这样的对话机制,卓越协会的员工不仅明白自己在组织中所担当的角色,而且也明白并且尊重同事的工作。所有员工都恪守"我们是为会员服务的"这一信念，部门界限和小集团纷争等都被抛到一边，大家齐心协力地提供满足会员需求的高质量的产品和服务，以实现其宗旨。

☆ ☆ ☆ ☆ ☆

人尽其能，畅所欲言

大家都说，美国心血管学会的董事会和员工之间总是保持一种牢固的、互相尊重的关系。"变化的是员工所能做的贡献，而这种贡献不再仅仅局限于组织的后勤事务。"一位老员工说："现在就市场反馈而言，员工与董事会更像是伙伴关系。员工关注怎样给董事会提供所需数据，以助于他们确立方向；董事会虽然还是决策部门，但会更多地征求（我们的）意见和建议。"

这一变化是一位 CEO 和一位当选主席刻意为之的，目的是提高董事会效率。除了明确董事会和员工职责之外，他们还改革了董事会会议的会场布置。过去，30 名董事会成员是按照字母顺序依次围坐于一张方桌旁。当选主席坐于桌首，那儿放着发言台。其他成员基本只是坐在桌边阅读报告，基本是走走样子。一些资深员工被安排在房间周边角落，如果被点名发言，则需走到发言台去。

现在，撤掉了发言台，当选主席、CEO 和副主席们与其他董事会成员坐在一起，大家都没有指定座位。会议程序也随着会场变化而变化。董事会成员增强了彼此间以及和员工间的互动，将更多的时间用于处理信息，而不是阅读员工报告。

"会议变得有意思多了，人们提出很多问题。"一名员工补充道："董事会对整个组织的战略决策考虑得更加周全。"

此外，卓越的协会非常注重保持无层级性的组织结构。这些组织不去强调领导层与员工层、营利部门与服务部门间的区别，而是体现一种邻里文化，强调价值共享和目标一致。

☆ ☆ ☆ ☆ ☆

在各层面寻找答案

"怎样才能使女童子军成为 5～17 岁女孩最好的个人领导力开发项目？"

这是美国女童子军为制定关系协会未来成功与发展的中心业务战略而向所有相关方面提出的问题。中心业务战略这项工作开始于 2004 年，计划在 2012 年协会成立 100 周年之际进入全面实施阶段。

为鼓励会员之间的对话交流，美国女童子军建立了一个与中心业务战略相关的专门网站及电子邮件链接，邀请会员"求新、求变，以创造我们所期待的未来。"同时，也向会员保证："《女童子军的承诺与条例》是与女童子军悠久的历史紧密相连的，并将继续成为女童子军活动的中心。"

在三年一度的大会上，美国女童子军举办"开放式对话"和为数众多的"战略咖啡馆"。前者是由全国代表分组花一整天时间讨论一个问题："如果要经得起在效率、决断力和行动力等方面的考验，我们的全国及地方管理层是否合格？"如有兴趣，代表们还可参加"战略咖啡馆"的小组讨论，内容是 5 项战略优先发展中的一项或是女童子军文化。

所有会员反馈都经由 6 个战略组审阅吸收——项目模式和路径、志愿工作、品牌、资金、组织结构和管理以及文化。每个组都包含来自组织各阶层、各部门和各地区的会员。

优秀的中间人

法则 5：CEO 作为意见调和人

不管剧本怎么精彩，如果没有导演，所有演员间的对话就很难发生，当然这里的导演指的是协会的 CEO。一个协会的领导不但自己要理解组织的任务，还要有能力让其他人参与其中来诠释、提炼和响应这一任务及其内涵。

CEO 毫无疑问是富于远见的领导，但更重要的是他们具有在整个组织内推动前瞻性思考的能力。将研究组和对照组区分开来的正是这第五条法则，即 **CEO 是意见调和人**。

对于卓越协会的 CEO 而言，关键不在于他们对协会的愿景，而是会员们的愿景。毋庸置疑，CEO 在界定组织愿景中发挥着关键作用。然而，这一作用的发挥更多的是建立在从会员的愿景中寻找共识的基础之上，而不是将个人观点强加于人。

参与研究的所有协会，不管属于哪一组，在过去 20 年中都曾经历过专制的、控制型的 CEO。有报道称，有的 CEO 亲自编辑协会的所有通报，让部门主任们陷入低劣的竞争，在员工和会员中任人唯亲，甚至亲自挑选种在总部的花卉品种等。这样的日子已经过去了，虽然可能过去得并不算长。

事实上，所有参与"成功之道"专题组的协会的 CEO 们都在协会内部培养一种"团队"或"家庭"氛围，并愿意倾听别人的意见。然而，只是能倾听和乐于接受别人的意见还不够。CEO 还必须能够激励员工和志愿者们积极参与，有时候还须站到一旁来辅助相关意见的讨论而不是口授指示。

卓越协会的 CEO 帮助当选领导和员工思考可做的事情，并促成事情的发生而不是裁定将发生什么。员工的介入受到欢迎和尊重，而且没有明显的阶层差别，这使得员工的意见受到同等重视。

对照组的一个案例能更好地解释这一法则。某协会为消除长期的官僚作风作了不少努力。以往意见必须经过层层领导审核，很多点子半途夭折，影响了进一步的创新。尽管有跨部门团队，员工们仍认为高层经理会阻碍新点子，所以他们直接向 CEO 汇报想法。

CEO 往往直接与意见反映人沟通，而没有展开集体讨论，因此也就忽略了其他员工和会员的参与。结果，CEO 实际上阻碍了创新和团队合作。员工和部门间的不信任到了员工不愿参加其他部门的会议的程度，这使得意见分享很难实现。协会很少推出新产品和新服务也就不足为奇了。

在该协会，CEO 似乎是孤立的，他对组织文化的看法与大多数受访的员工都不一样。在对照组的其他几个协会也存在类似情况。相反，研究组的 CEO 们则尽量避免自己脱离资深员工或当选官员的群体而孤立。他们竭力理清所有人——董事会、员工和 CEO——在协会合作中的角色和责任。

☆ ☆ ☆ ☆ ☆

一种合作模式

在美国通用承包商协会，管理层并不只是口头强调团队合作的重要性，而是通过其独有的"责任分担"模式来规范 CEO 和 COO（首席运营官）之间的行为。

两个职位薪资相当，都直接向董事会报告，在会员和员工眼中的地位也不分伯仲。区别在于 CEO 主要负责外部事宜，而 COO 主要负责内部运营。在前任 CEO 到任之际，董事会将两位领导者作为一个团队雇来做接班人，他们把彼此间的关系称为"商业伙伴"。对于这样独特的领导结构，员工们并不感到迷惑，而视其为组织上下合作性决策的一个模式。

第五章　注重行动

注重行动：

始终坚持组织的

调适能力和联盟建设

　　教科书式的战略计划——完整清晰地列出目标、任务和战略，并不断经过审核和修正——在很多参与本项研究的协会中都存在。有意思的是，这在对照组中更为普遍。

　　这并不是说研究组的协会在决定组织定位和发展方向时没有战略计划性。相反，正如第三章和第四章中所述，他们从不偏离于自己的会员。他们大量收集信息、参与对话、设计产品和服务来支持并服务于其会员。正是这些协会才真正具有战略性。虽然他们的战略计划不像对照组协会的那样正式，但他们都遵循战略计划。

　　不同之处在于卓越的协会不光强调战略性的思考，他们认为战略性的行动同样重要；他们坚持执行重点任务。研究组的协会可能没有行文漂亮、内容完备的计划，但所有人——包括志愿者和员工——都理解其计划和目标并依照执行。

　　而对照组的协会，虽有详尽的战略计划，却往往与他们的最终行动相左。他们的行动往往无助于其战略重点的实现。也就是说，他们制作精良、内容详尽的战略计划可能最后只对组织及会员服务起到微乎其微的作用。与此类似，对照组内有几个协会还经常修整其战略计划，但组织实际上变化并不大。

换句话说，对于卓越的协会而言，重要的是你做什么而不只是你说什么。

"我们是一个行动的组织，而不是静止的"。美国人力资源管理学会一名员工的话恰好反映了研究组协会的精神。

☆ ☆ ☆ ☆ ☆

成功的七大法则

注重目的

　　1. 服务于顾客的文化

　　2. 根据宗旨确定产品与服务

注重分析与反馈

　　3. 数据驱动战略

　　4. 对话和参与

　　5. CEO 作为意见调和人

注重行动

　　6. 组织调适能力

　　7. 联盟建设

行动的意愿

法则6：组织调适能力

在本项目设定的 15 年的研究时段里，参与的大多数协会都至少经历过一次危机，通常是财政萎缩或领导失力。对此，对照组协会似乎比研究组反应慢。他们似乎需要更长的时间来弄清到底发生了什么，也需要更长的时间来决定最应采取的行动。最普遍的做法是继续原有的工作，只是增加工作强度，期望额外的努力能解决危机。

卓越的协会不但经受住了危机的打击，而且能从中吸取教训，这体现了第六条法则：**组织调适能力**。比如面对会员数或项目收入的大幅下滑，研究组的协会很快分析局势，而后采取行动——不找任何托辞。

美国通用承包商协会 1992 年的会员数达到历史最高纪录，而 20 世纪 90 年代初的经济衰退毫无疑问对它产生了重大影响。美国通用承包商协会认识到它已无力保持员工规模或总部大楼，于是立刻做出了艰难但又必要的选择。除了裁员，它还卖掉了总部大楼——尽管这个决定不太受欢迎——在后来十几年中一直租用办公楼。

全美郡县协会曾一度处于财政赤字状态。通过及时的行动，它在一年中将 250 万美元的赤字缩减了 90 万美元。全美郡县协会停止了招募，取消了员工旅游，削减了董事会的其他开销。"我们行动迅速，所以才能还清债务。"一位员工回忆道。

美国通用承包商协会和全美郡县协会的快速行动使它们很快摆脱了经济困境。金融危机也对这两个组织产生了一项长远影响，那就是使其预算和计划程序更为严格。他们都决心今后要避免再次发生这种状况。全美郡县协会未雨绸缪，将其 4% 的年度收入划入储备金，以应对金融危机。

全美郡县协会还改进了预算程序，以提高董事会对于组织财务状况的管理权。虽然预算由全美郡县协会员工制定，但要经过执行、财务和管理三个委员会的特别会议审核。"董事会详细了解资金用于何处，可以提出任何想知道的问题。"一名员工解释道，"我们也谈论薪水，探讨发展趋势。我们让董事会尽量参与其中，这样董事会就不仅仅是拿到由员工递交的预算。"

为降低再次遭遇金融危机的概率，美国通用承包商协会承诺将减少对会费收入的依赖性。它的最终目标是50%的收入来自非会费收入。每年美国通用承包商协会都向这一目标迈进了一些。这一成绩的取得与一些具体目标的实现相关，例如"在06财年度取消连续亏损的管理会议项目"。

勇于放弃，以利成长

美国通用承包商协会不是唯一的坚决终止对宗旨无益的项目的组织。研究组的大多数协会都采取过同样的行动。对他们而言，所有项目和行动都需仔细审视。没有任何项目可以享有无争议的权力。

研究组协会的一些例子可以说明这一点：

几年前，俄亥俄注册会计师协会做了重大的组织调整。该协会董事会表决决定取消分会，从而形成了一个国家级的会费机制。

这一决定来自于两个基层工作组的建议，人们认为分会结构对会员价值无补，而且有碍该协会提供核心服务的能力。取消分会使俄亥俄注册会计师协会能直接接触所有会员，提供更直接的沟通和服务。虽然存有争议，但是大多数俄亥俄注册会计师协会会员都认为这个决策是正确的。

- 美国人力资源管理学会采取了一种被作者彼得·德鲁克（Peter Drucker）称为"有目的的放弃"的行为。每年，员工团队都要对现有的和计划中的产品和服务进行评估。凡是被认为不再适应会员需求的项目或服务，要么被改进，要么被放弃，用新项目取而代之。

一位员工解释说："许多时候我们是通过变化来取得进步。有时产品要再造以适应形势变化。"例子之一就是美国人力资源管理学会原来的一份报纸《人力资源周报》，现已整合到美国人力资源管理学会网站上的新闻版块。该学会仍然发表新闻，只是找到了一个更好的方法。

为不断改进工作，美国人力资源管理学会还改革了董事会选举程序。由于该学会不断成长和变化，美国人力资源管理学会需要其董事会具备相应技能和竞争力来保证成长的持续。

过去，该学会的志愿者在成为董事会成员前须在不断壮大的或更为全国性的志愿岗位工作过。而现在，美国人力资源管理学会的会员申请成为董事成员，只要递交简历和参加面试即可，过程与一般求职程序类似。一名员工说："选择董事会成员依据的是其技能、资质及其满足标准要求的情况。"

- 每次参加管理会议，全美郡县协会的资深员工总要花半天时间，讨论哪个项目应当引进，哪些方面需要做些改动，哪些需要彻底停止。之后，将三组方案与会员调查和其他调查研究所得数据比较，由会员决定通过哪个提议。

忠于宗旨

卓越的协会不惧变化，但也同样知道什么不能变。它们的宗旨和目的是其固守的基石。当它们身处的环境发生变化时，这些协会知道需要做些什么来服务于中心目标的变化。

美国女童子军从未偏离过服务女孩的宗旨。但在具体操作方面，它是有变化的，举几个例子来说，它的基本规章《女童子军承诺与条例》的措辞，它与女孩们交流的方法（现在互联网是比较受欢迎的方法），开展女童子军项目的方法（不只是传统的队伍）以及它的制服（经常重新设计以适应现代要求）。

2006 款女童子军制服显然与 1956 款甚至 1996 款制服不同，但其代表的意义并没有改变。与大多数研究组的协会一样，美国女童子军一贯注重在忠于宗旨和适应新需求之间保持平衡。组织珍惜它的历史和传统，但也承认过去的经验到今天未必还起作用。

令人惊讶的是，我们在被研究的协会中没有发现主动变化和被动变化的差别。我们的数据显示，没有一个协会——不管它多么出色——能完全准确地预测变化，因此也不能保证在任何情况下所作的回应都正确。很多时候，所有的组织都不得不在遭遇意想不到的事件后（例如，2001 年 9 月 11 日美国受到的恐怖袭击）作出反应。

相对于变化的类型，组织如何应对变化并从中吸取教训显得更为重要。我们的数据显示，卓越的协会面对变化不恐慌。不管变化是否在预料之中，它们对中心目标抱有清楚的认识，并且愿意调整业务操作来与目标保持一致。它们始终忠于对会员和宗旨的承诺，避免那些有可能使它们偏离这一中心的变化，即使这么做会使它们牺牲一些眼前的利益也在所不惜。

☆ ☆ ☆ ☆ ☆

重温过去还是沉湎其中

"增加项目很容易，要取缔项目却很困难。所以如果三年了，我们还在做同一个项目，人们就要问：'为什么？'"

——全美郡县协会

"通常，我们会继续做我们做了很长时间的产品和服务……这个组织乐于维护其现状，不喜欢太多变化。"

——对照组配对协会

为正确目的而联手

法则 7：联盟建设

与其他组织的结盟——无论是非营利的、营利的还是政府——对于研究组和对照组的协会而言都被摆在优先位置。大部分协会都建立了数个联盟，事实证明结盟对于增加收入、提升对重大问题的认识或树立组织品牌都有好的效果。

两个组的区别在于他们怎么对待法则七：**联盟建设**。研究组的协会寻求与现有战略相关的或与他们的宗旨、任务紧密相连的联盟建设。因此，他们把决定不与谁结盟和与谁结盟看得一样重要。

卓越协会承认单凭一己之力无法完成所有任务，但他们在联盟建设中注入了自信。因为对自身定位和合作事务非常明确，这些协会每次与合作伙伴沟通时都能清晰地说明自己的期望值。如果发现双赢条件还不成熟，就会毅然放弃合作。但同时他们也愿意承认自己无法独立完成的工作。

举例来说，美国女童子军总是积极寻找与那些在经验、技能、信用、人脉和其他资源方面能够补充或提升其自身资源的组织。联盟建设完全是为女孩服务。美国女童子军曾与 VISA 合作，提供青少年金钱管理资源；与环境保护署开发环境健康徽章和"我的星球"在线游戏；与朗讯技术基金会合作，鼓励少数民族女孩在数学与科学上的发展；与美国安道尔理事会共同开展旨在提升女孩对于数学和技术兴趣的公共服务项目。这些是美国女童子军众多合作中有代表性的几个例子。

相比之下，其配对协会通常是把联盟看成一种买单的方法（公司赞助），而不是一个拓展基于其宗旨的项目的机会。难怪对照组协会结盟很少。

美国牙科协会发现其会员需要更为详尽的从业管理知识。由于认识到自己在这方面资源不足，该协会转而与西北大学的凯洛格管理学院合作，专门为牙医们开设了小型 MBA 课程。

同样，全美郡县协会与纽约大学瓦格纳公共服务研究生院共同开设了郡县领导力课程。全美郡县协会让各州分会选拔未来的领导人才参加了为期 4 天的培训项目。参与的合作伙伴也从中受益，提升了自身知名度。

☆ ☆ ☆ ☆ ☆

寻求共同点

近年，全美郡县协会与从"聪明成长网络"到"全国动物控制协会"等大约 30 个组织进行了合作。而一项更早的合作甚至追溯到 20 世纪 80 年代，那就是全美郡县协会和六个兴趣相似、业务交叉的组织共同组成了"七组织集团"。

七组织集团的其他成员包括美国市长会议、全国城市联盟、全国州长协会、全国各州立法会议等——其中有几个成员与全美郡县协会在某些产品和服务上存在竞争。但是当七组织集团的代表每月会面时，这些竞争就被抛到一边。他们讨论热点问题和新兴趋势，明确合作机会，整合可能的资源，从而促进共同的事业。集团主席每两年更换一次，由七个协会轮流坐庄。

美国牙科协会还洞察到与州和地方层面的竞争对手合作的可能。它投资开发了"三方系统"，一种在一个共有平台上管理和共享会员数据的软件包。60 多个州和当地的牙科协会都可以利用这个系统来支持会员付费、病人荐诊、信息追踪、邮寄名单管理和基层游说活动等。

无论是联盟还是重组，卓越的协会从不偏离目标，并遵守严谨的程序来实现目标。而他们的对照对象则往往只抓住那些可以提供短期收益的机会。总的说来，他们似乎不太关心行动所带来的长远影响。

第六章　旧思路与新问题

本项研究的结果会在哪些方面挑战人们的常规理念呢？

吉姆·柯林斯向"成功之道"专题组提出的这个问题，与找出区分卓越协会和其余协会的 7 个因素一样令人困惑。

要回答这个问题，我们需要明确一下协会管理领域的一些常规理念。研究小组先由各个组员列出了一些这一领域流行的并为大家所接受的理念，之后全组汇总。接下来，我们将研究所得与这些常规理念做系统比较，我们不得不承认要推翻某件事比证明它要容易得多。

例如，对"所有苹果都是红的"这句话，要证明它相当具有挑战性，但要推翻它则简单得多：你只要找出一个黄苹果就行了。

有时，我们很容易就能找到这个"黄苹果"——那就是，卓越协会并没有遵循常规理念，却仍然取得成功。以下是没有得到研究支持的常规理念。

☆ ☆ ☆ ☆ ☆

测 试

专题组列出了以下协会管理领域的常规理念，然后用配对比较研究中得到的数据进行测试。

1. 需要一位协会最高领导
2. 将年度开支的50%用于储备
3. CEO应是协会专家
4. CEO应来自协会外部，而非内部
5. 不要盲目扩招会员
6. 选举应体现民主过程
7. 当选领导应逐级提升
8. 小型董事会比大型的好
9. 组织应是会员驱动而非员工驱动
10. 勇于创新
11. 把协会当公司经营
12. 一致性决策
13. 参与式管理最佳
14. CEO应位于当选领导之后
15. CEO总是对的
16. 当选领导任期一年
17. 协会的活动能被利益相关方接受
18. 极端时势要求激烈变化
19. 主动变化比被动变化好
20. 董事会制定政策，员工执行政策
21. 员工不应参与领导选拔
22. CEO在董事会没有表决权
23. 制订战略计划
24. 市场份额越高越好

董事会越小越好。如果这一论断成立，那我们应该发现研究组协会的董事会要比对照组的小。但事实并非如此。例如，有个研究组的协会在总结管理经验后，决定增加董事会的两个席位。

在研究组中，协会董事会的规模从 8 人（北美放射学会）到40 人（美国女童子军）不等。美国女童子军董事会的规模并不妨碍协会的效率、行动速度或其忠实于宗旨的能力。拥有大型董事会（20 人以上）的研究组协会建立了将权力和决策权分散的系统与结构。

我们的数据显示，董事会的大小不是影响组织效率的重要因素。重要的是董事会成员和员工对于各自角色的理解和执行。总的来说，研究组的董事会更重视战略而非操作。同样，研究组协会也更注重收集和分析数据以协助其进行战略决策。

董事会成员应民主选举产生。很多协会将选举看成是民主文化和价值的体现。研究组和对照组分别有数家协会都采用了"任何会员都可以竞选董事"的办法。

其余协会则依靠提名委员会来选择，每个空缺有一个候选人。在 9 个研究组协会中有两个采取竞争模式，候选人凭其技能、知识、经验等当选，其中有一个协会甚至聘请一家调查公司来确定合格的候选人。

虽然研究组协会重视前任领导们的经验，但并不要求有意担任董事的人按照死板的、逐步提升的步骤进入董事会。

研究组协会并不偏爱某种特定的选拔或选举程序。然而，卓越协会通常都有一个提名机构。他们在保持工作透明度和如何选拔有能力、有信誉和有竞争力的领导的过程中非常高效。

CEO 应是协会专家，来自于组织外部且不是会员。数据并不支持这一说法。在研究组的 9 个协会中只有 3 个在选举现任 CEO 中遵循了这一模式。有两个协会的现任 CEO 是从会员中选拔的，还有 4 个是协会从内部候选人中选举产生的。有意思的是，后者中两个协会的上任 CEO 是从外部选举产生的，在其短暂的任期后，协会才转而启用内部候选人。

抛开其背景及如何登上 CEO 位置的过程，卓越协会的 CEO 通常具有一个共性：他们能将自己很好地与组织特点结合起来，并知道组织对他们的期望。

主动变化比较好。常规理念使我们认为卓越的协会对于变化总是采用主动态度，而不是被动态度。然而这一点在数据中并不突出。实际上，变化的类别不如它引起的组织反应更为重要。不管是主动制造变化还是被动应对变化，卓越的协会都使自己的行动能忠于其核心目标。他们不仅从变化中吸取经验教训，而且表现出乐于根据变化所需而行动的意愿。

须留存50％的年度开支。研究结果恰好修订了这一论断。研究组的大部分协会留存约75％的年度开支作为储备。至少有 3 个协会将其储备投资于使会员受益的项目或组织发展，但仍然保持一个宽松的财务状态。

卓越的协会将"非营利"看做一种税收状态而不是心理定位。他们知道不管营利还是非营利都能赚钱，区别在于如何使用利润。营利性公司会给股东分红，而非营利组织则把所得利润再投入到会员项目和服务中。

从营利公司的视角看，会员就是市场，自然就会有"我们能卖什么给他们?"的问题。而卓越的协会则视会员为动力来源，问题就变成，"我们该怎么服务于他们，他们需要什么?"

☆ ☆ ☆ ☆ ☆

谁来驱动

人们常常问协会的执行官：协会到底是会员驱动还是员工驱动？一般的理念认为最好是有志愿领导者来指导和参与决策（即会员驱动）。或者根据被问的对象不同，答案也不同。有的人认为最好的办法是"平衡性驱动"。这样，员工和会员都不能主导决策，决策须通过双方合作才能作出。

我们的数据并未显示决策方式和组织成功间有什么必然关系。在研究组和对照组中都没有一种居于主导地位的方式。我们发现，对照组中会员驱动的协会与研究组中员工驱动的协会一样多。有些也可以算是两者平衡的。

但卓越的协会确有与众不同之处，而这一点特殊之处也可终结到底是会员驱动还是员工驱动的争论。简言之，谁驱动并不重要，重要的是数据驱动再加上以会员为中心。

卓越的协会都以顾客/会员服务为主，不断收集和分析有关会员和外部环境的数据，将宗旨即一切为了会员作为衡量所有活动的基准。以会员为中心加上数据驱动这一模式创造出一种最好的局面：员工带来业绩，但会员领导者和员工是通过不断关注会员才取得成功的。

比较结果

因为我们对配对方法很有信心，所以从开始就决定采用柯林斯的方法来研究协会。我们假设他对营利部门的研究成果都能经受住全面而综合的验证，但这些成果能适用于协会吗？

现在有了我们自己的研究结果，与柯林斯关于营利部门的一些概念比较一下是很有用的。

利润是衡量成功的一种方法，而不是唯一方法。《从优秀到卓越》中写道：卓越的营利公司并不把利润当做最终结果，他们有其他办法来衡量实现其所倡导的价值的能力。

协会也是如此。卓越的协会能一贯保持令人满意的经营状况。他们的做法是坚持对会员需求的关注，并保证通过提供高质量的产品和服务来满足这些需求。而对照协会作决定时更多时候主要考虑的是利润。讽刺的是，这些协会在营利上并不是一帆风顺的，而且遭遇会员流失的比例更大。

卓越的协会从不忽视利润。只是他们总是关注分析会员需求，而后坚持不懈地来满足这些需求。他们的所得实际上是对他们努力的回报。

聚焦中心，并围绕中心开展试验。卓越协会的实践充分支持这一观点。卓越的协会从不忘记自己的宗旨或会员——他们为谁而建或为谁服务。围绕这一中心，他们甘愿冒极大的风险。相反，对照组的很多协会则经历了一些使其偏离或至少模糊了其宗旨的变化。

树立宏伟、大胆、冒险的目标。在《基业长青》书中，树立宏伟、大胆、冒险目标指的是组织的一个清晰的、强制的、统一的行动焦点。虽然卓越的协会有表述清晰的目标和任务，但我们没有发现他们追求树立宏伟、大胆、冒险目标的任何证据。他们的任务源于其宗旨。由于宗旨是一贯的，所以大部分的任务也具有一贯性。

培养信徒文化。虽然成功公司的文化各异，但是他们都有一个共同点，即不接纳不合群的人。员工要么融入公司模式，要么离开。

卓越协会的员工一般用"大家庭似的"来形容协会文化，而"信徒似的"看来并不适用。卓越协会拥有非常强的会员中心制文化。员工从不忘记他们每天工作的宗旨：为会员服务。而且他们为此感到骄傲和愉悦。

实现第五级领导者。在《从优秀到卓越》书中，柯林斯用"第五级领导者"一词来形容为人谦逊但又做事果断的CEO。他惊奇地发现那些卓越公司的领导人往往是腼腆的、低调的、内敛的。柯林斯写道："他们更像林肯和苏格拉底，而不像巴顿或恺撒。"

我们发现大多数协会，无论是在研究组还是在对照组，在研究时段内（一般不包括近年）都有与巴顿和恺撒的相似之处，并且也得到了发展。纵观过去和现在，CEO们迥异的领导风格和性格特点，我们没有发现有证据表明"第五级领导者"是协会保持出色运营的必要条件。

我们倒是证实了研究组协会多由行动高效的人员领导，他们有几个共同点。卓越协会的CEO明白与会员和员工保持对话的重要性。虽然他们不是通过完全的一致意见来管理，但他们尽量做到在决策之前听取多方意见。

而且，这些CEO们理解并乐意做协会的管理员而不是所有者。协会属于会员，因此协会的愿景必须源自会员，而不是来自CEO的办公室或一小群领导人。

做立法领导。柯林斯在2005年的专著《从优秀到卓越和社会部门》中提出这样一个观点：营利部门的CEO具有"执行"技能，而社会部门的CEO具有"立法"技能。具体说来，后者依靠"游说、政治形势以及共同利益来创造条件，促使正确决策的出炉"。

我们的研究部分支持柯林斯的假设。公司的执行官们可能是因其愿景而受雇；而卓越协会的CEO们则是因为需要他们促进前瞻性思考和创造机会而受雇。他们很少是单一的决策人；他们必须与志愿者领导分担这一责任，而后者则要依靠会员和环境所提供的信息。研究结果强调协会的CEO是意见的调和人，而不只是出主意的人。

任人唯贤。这一概念对于协会来说是一种挑战，因为他们有两部分人员组成——员工和志愿者。CEO 们对前者的影响力远大于后者。研究组的几位 CEO 谈到调整员工以提升绩效和士气，但也不得不承认，他们会沿用志愿者领导，即使这样做会使员工和志愿者间有效的伙伴关系受到挑战。

提出"叫停"列表。《从优秀到卓越》强调卓越的组织坚持一个原则，即叫停所有低产低效的活动。同样，卓越的协会对目标有明确的认识，并遵循严格的程序，以评估他们的产品和服务是否围绕其宗旨、能否满足其会员的需求。当某项目或服务不再符合要求时，协会就果断叫停，为其他更好的项目让道。

我们的一些发现与柯林斯的相吻合。而针对协会环境的几个发现也非常明显。首先，卓越协会靠数据驱动这点非常突出。他们尽可能利用一切机会来寻求反馈、收集意见和数据、进行分析并采取相应行动。其次，卓越协会注重员工间、志愿者间以及员工和志愿者间的对话和参与。

"为正确的目的合作"这一概念在公司界并不存在相对应的观点。与营利公司间的激烈竞争不同，协会往往寻求合作以实现其目标，即使这种合作可能会在某些领域造成竞争。没有几个协会可以独自实现所有目标，所以，必须与其他组织合作来完成任务。

☆ ☆ ☆ ☆ ☆

研究结果

本项目的研究结果和柯林斯的研究结果都与关于学习型组织和系统的有关文献相一致。用柯林斯的话来说，卓越组织"不是要报时，而是要造钟"。换句话说，他们创建系统，把投入、过程和产出有机地结合在一起，而这要比这些因素单枪匹马地工作更为有效。

在《第五项修炼》书中，彼得·圣吉（Peter M. Senge）、阿特·克莱那（Art Kleiner）、夏洛特·罗伯茨（Charlotte Roberts）、理查德·罗斯（Richard Ross）和布莱恩·史密斯（Bryan Smith）等作者将学习型组织定义为"将经验转化为适用于全组织并与其核心目标相关的知识"的组织，并进一步观察到学习型组织的以下特点：

不断检验其经验。他们将自己认为已经知道的东西与从现实研究中所得到的结果相比较。

创造知识。这里，知识意味着专门技术。它与信息有本质区别，后者是可以通过知识转化为有效行动的数据。知识的目的不仅是告知，还要改变行为。

分享知识。知识对于组织上下所有人都开放。

学习与实践相结合。学习型组织收集有利于提升其宗旨的知识。他们有意识地专注于核心宗旨，不被过量的信息分散精力。

这些特点对于卓越的协会同样适用。本项研究显示，训练有素的组织往往将经验转化为知识（专有技术），并利用它进一步促进其宗旨。他们不断地寻求进步。

通往卓越之路

就其本身而言，成功的七大法则并不是具有开创意义的概念。毕竟，很多协会都建立了联盟，也进行与会员及会员间的对话。

然而合到一起，这七大法则互相重叠交织、相互作用，使得将这些法则运用到极致的协会取得了长期的成功。

真正使研究组协会与众不同的是这些协会对七大法则的运用：他们长期一贯地执行法则，并将它们与日常工作和组织文化结合起来。

卓越协会的第二个本质特点是为顾客提供稳定的服务，开发建立符合宗旨目标的产品、服务和联盟，汇总会员数据，为使自己能进一步完成服务会员的宗旨而做出调整或转变。法则环环相扣，详见下图。

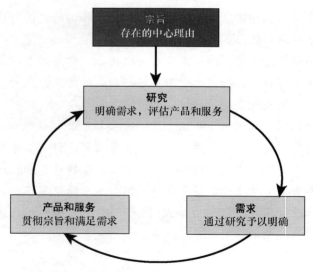

投入与产出框架

宗旨推动研究，研究揭示特殊需求，需求决定项目、产品和服务的开发，而三者经评估后又决定价值。

宗旨被细化为需求（通过研究而明确），需求驱动了产品/服务的开发，而产品/服务又被进一步研究，以鉴定什么有用，什么需要改变。

当浏览堆积如山的书面材料、一页又一页的数据统计和个人访谈记录时，我们发现了几个带有共性的主题。总的说来，我们观察到：

- **会员和宗旨是卓越协会的心脏——而会员价值则是维持心跳的血液。** 在建立和维系与会员的紧密关系的同时，卓越协会从未停止过对如何优化和升华其所提供价值的探索。

- **卓越协会的作用。** 他们不断研究会员需求，将需求与宗旨相结合，然后开发、调适和优化产品和服务。他们总是寻求最好的方法来提供有价值的资源和服务。

- **所有组织都会应对挫折、失败和危机，但不是所有组织都能从中吸取经验教训。** 卓越的协会不会在某一时间或层面停滞不前。他们承认失败、从中吸取教训、做出变化或调适，之后继续前进。

我们还注意到以下这些具体的做法，它们在第三、第四和第五章中所列举的七项法则的基础上又有所调适。

卓越协会……	优秀协会……
对自己的定位有信心，基本明确或已经清楚自己未来的发展方向	对于定位仍认识模糊，并对今后的发展方向缺乏认真考虑
询问会员需求	决定会员需求
做需要做的事	谈论需要做的事
学会放弃不再符合会员需求的项目或服务	继续执行过去可能行之有效但现在可能已失效的项目
将产品失败当做可以提高其服务会员的质量的机会；想方设法重新利用或包装失败的项目和产品	将失败几乎等同于尴尬之事而不愿重提
享受开放的、共享环境中的团队友情，目的明确（"我们同舟共济"）	团队精神可能存在于部门内，但在整个组织中往往缺乏，导致藩篱思想（"那不是我的工作"）
质疑现状	维护现状
在采集会员数据和意见时讲究方法和原则	用随意、不一贯的方法收集会员数据
纵向和横向运用数据，以使整个组织都了解这些数据	纵向运用数据（通常自上而下）
在启动或取消一项产品或服务前，通过调查、评估等做足功课	更多地依赖制度、推断和机会来指导产品开发和改进
遇到挑战时，采取"如果……会怎么样"的态度	遇到挑战时，通常的态度是"对，但是……"
与外部环境相调和，尤其是对待竞争	对外部环境不做太多观察，通常依赖领导对环境的看法
努力弄清危机的成因并积极面对	危机出现时寻找借口或指责别人，通常因此失去战斗力
利用一切机会与会员交谈	用居高临下的态度面对面或是用其他方式与会员交谈

有人可能会指着研究组协会的名单说："当然，他们能承受得起，因为他们有钱，有能力来填补空缺。"但事实是，所有研究组的协会在研究时间段里都遭遇过各种严重困境，包括巨大赤字、严重的税务问题、会员数量大幅下降、CEO 突然去世以及会员所在专业的危机等。对照组的那些协会往往被这些事件拖垮，好几年难以恢复。他们屈服于种种条件的限制，并为其不作为和没有能力抓住机会找借口。

相反，卓越协会不仅承认各种限制因素，而且完全接受。他们相信机遇就是上天赐予的礼物，会执著地依其宗旨去完成任务。

☆ ☆ ☆ ☆ ☆

CEO 秘籍

"成功之道"项目所得的数据并不能完全证明卓越协会必须具备什么条件。但这些数据确实能揭示卓越协会和优秀协会的区别。

如果一个协会能做到以下几条，将会增加其成为卓越协会的可能性。

- **开阔眼界和思路。**产品和服务应源自两处：宗旨和会员需要。

- **培育良好的顾客服务文化。**把会员放在首位和以会员为中心是每个员工的职责。

- **保持平衡。**坚持宗旨不动摇，但在产品和服务上保持灵活。

- **清盘。**添加新项目和服务时，及时清除掉不再符合需求的旧项目。将宗旨摆在独一无二的位置。

- **寻求影响，而不是控制。**CEO 的职责是协助思考，作意见的调和人，而不是将自己的意见强加于人。

- **保持谦逊。**你并不了解所有情况。会员的需求只有会员自己最清楚。经常通过各种方法找出他们的需求。

- **做个好邻居。**找出那些和你宗旨任务不尽相同但都希望达到某些目标的组织并和他们发展关系。不要为表面现象或追求利润而寻求合作——而是要为宗旨寻求合作。

附录1 重要统计信息

下面简要介绍组成研究组的 9 个学会。

美国退休者协会（AARP）

总部：华盛顿特区

成立时间：1958 年。全名为美国退休者协会（American Assocation of Retired Persons），AARP 是协会的官方名称，而不是全称的缩写

性质：AARP 为 501(c)(4)[①]组织，个人会员制

AARP 基金会为 501(c)(3) 组织

ASI[②] 为 AARP 的全资纳税分公司

范围：全国性

会员：3600 万人

分会：2400 个

---

① 501(c) 为美国国内税收编码，标有此编码的协会为非营利组织，免缴部分联邦收入税。此类非营利组织按领域不同大致分为 20 多种类型。本书中提到的 501(c)(3) 类组织包括宗教、教育、慈善、科学、文学、公共安全测试、对国内和国际业余体育运动比赛的支持、防止虐待儿童和动物领域，501(c)(4) 类组织包括社会福利组织、当地工会，501(c)(6) 类组织包括商业团体、商会、不动产董事会等。——译者注

② ASI 英文全称为 AARP Service Inc.，即美国退休者协会服务公司，为美国退休者协会全资子公司，成立于 1999 年。——译者注

员工：2218 人

董事会成员：21 人

年度预算：10385 亿美元（包括 AARP，AARP 基金会及 ASI）

CEO：威廉姆·诺威利（William D. Novelli）

网址：www. aarp. org

宗旨：致力于提高所有老年人的生活水平。通过信息、推广和服务带动社会的良性变化，并且使会员受益。

美国心血管学会（American College of Cardiology， ACC）

总部：华盛顿特区

成立时间：1949 年

性质：501（c）（3），专业型

范围：国际性

会员：33000 人

分会：39 个

员工：260 人

董事会成员：600 人（信托委员会 30 人）

年度预算：6500 万美元

CEO：此书出版时空缺

网址：www. acc. org

宗旨：倡导高质量的心血管医疗，通过教育、研究、标准和规范的开发和应用对医疗政策产生影响。

核心价值：

- 专业性：患者利益第一
- 知识：推动心血管医疗知识的发展、传播和应用
- 心血管专家的价值：心血管专业在医疗中具有独到价值，应得到认可与提高
- 诚信：所有行为要秉承诚实、合法、合乎道德的准则
- 会员驱动：学会及其主要活动一定要由会员予以积极推动，并推动志愿者制度
- 包容性：学会有范围广泛的各类志愿者加入，他们反映着会员的组成

美国牙科协会（American Dental Association，ADA）

总部：伊利诺伊州芝加哥市

成立时间：1859 年

性质：501(c)(6)，专业型

范围：全国性

会员：152000 人

分会：586 个

员工：428 人

董事会成员：22 人

年度预算：1.02 亿美元

CEO：詹姆斯·布莱姆森（James B. Bramson），执行董事

网址：www. ada. org

愿景：为公众和牙科行业服务的口腔健康权威组织。

宗旨：作为专业的牙科协会，ADA 致力于促进公众口腔健康，提高牙医道德准则，推动牙医学及该行业的发展；积极推动牙科领域知识的传播、教育和研究，建立行业标准，从而形成一个统一的牙科行业。

美国通用承包商协会（Associated General Contractors of America，AGC）

总部：弗吉尼亚州阿灵顿市

成立时间：1918 年

性质：501(c)(6)，行业型

范围：全国性

会员：33000 人

分会：98 个

员工：72 人

董事会成员：667 人（执行董事会 24 人）

年度预算：4.17 亿美元

CEO：史蒂芬·桑德赫尔（Stephen E. Sandherr）

网址：www.agc.org

宗旨：AGC 代表建筑行业的共同声音，由具有一定资格的建筑承包商和与产业有关的公司组成，致力于发展相关技能、树立行业形象和提高行业责任。协会与各分会合作，共同为会员提供全方位的服务，满足会员需求，并由此提高建筑质量，保护公共利益。

美国女童子军（Girl Scouts of the USA，GSUSA）

总部：纽约州纽约市
成立时间：1912 年
性质：501（c）（3），个人会员制
范围：全国性
会员：360 万人
分会：310 个
员工：436 人
董事会成员：40 人（执行委员会 10 人）
年度预算：5490 万美元运营预算（2006 年）
CEO：凯西·克朗宁杰（Kathy Cloninger）
网址：www. gsusa. org

愿景：我们是女孩专家，也是她们最有力的支持者。我们具有将女童子军介绍给每位女孩的能力。我们是一个思想前瞻、组织性强的组织，同时为实现女童子军的目标而甘愿冒险。我们是女孩和关心女孩的人首选加入的组织。

目标：女童子军的目标是用最高水准的品格、行为、爱国精神和服务来激励女孩，使其成为幸福而又有能力的公民。

宗旨：GSUSA 是只为所有女孩服务的杰出组织。在 GSUSA 所提供的包容而又滋养的环境中，女孩们培养起在现实生活中取得成功所需的品质和技能。女童子军与成人志愿者合作，激发着全部的个人潜能。在女童子军中所培养的领导力、价值观、社会道德以及对自身价值的自信会让女孩们受益终身。

全美郡县协会 （National Association of Counties，NACo）

总部：华盛顿特区

成立时间：1935 年

性质：501（c）（4），行业型

范围：全国性

会员：2185 人

员工：85 人

董事会成员：120 人（执行委员会 5 人）

年度预算：2200 万美元

CEO：莱瑞·奈克（Larry E. Naake），执行董事

网址：www.naco.org

愿景：NACo 希望能够成为美国各个郡县在国家首都的代言人，并支持郡县及其官员为当地居民提供优化项目和服务的努力。

宗旨：NACo 为会员提供全方位的服务，其中包括在立法、研究、技术、公共事务方面的协助。协会联络其他各级政府，努力提高公众对郡县的理解，作郡县在国家层面的支持者，并为各郡县提供资源，协助他们创造性地应对挑战。

俄亥俄注册会计师学会（Ohio Society of Certified Public Accountants，OSCPA）

总部：俄亥俄州都柏林市

成立时间：1908 年

性质：501（c）（6），专业型

范围：州

会员：23000 人

员工：50 人

董事会成员：17 人

年度预算：800 万美元

CEO：杰·克拉克·帕赖斯（J. Clarke Price），首席审计官、主席

网址：www. ohioscpa. org

核心目标：注册会计师，使复杂多变的世界更有意义。

愿景：注册会计师是人们信赖的专业人员，能够帮助公众和机构规划未来。本着深入、诚信的原则，注册会计师通过以下方式实现其价值：

- 清晰、客观的沟通
- 把复杂信息转化为关键的知识
- 预测并创造机会
- 设计将愿景变为现实的路径

北美放射学会（Radiological Society of North America，RSNA）

总部：伊利诺伊州欧克布鲁克市

成立时间：1915 年

性质：501(c)(3)，专业型

范围：国际性

会员：38000 人

员工：140 人

董事会成员：8 人

年度预算：3940 万美元

CEO：戴维·菲勒斯（Dave Fellers），首席审计官、执行董事

网址：www. rsna. org

愿景：RSNA 希望成为致力于科学和教育的放射学首席专业学会。

宗旨：RSNA 由放射线学者、放射肿瘤学家及相关科学家组成，通过教育和研究努力改善医疗条件，服务患者。

核心价值：

- 诚信
- 优秀
- 专业
- 领导力
- 创新
- 为患者服务

美国人力资源管理学会（Society for Human Resource Management，SHRM）

总部： 弗吉尼亚州亚历山大市

成立时间： 1948 年（成立时名为美国人事管理学会）（Amercian Society for Personnel Administration）

性质： 501（c）（6），专业型

范围： 国际性

会员： 21 万人

分会： 550 个

员工： 300 人

董事会成员： 11～15 人

年度预算： 9500 万美元

CEO： 苏珊·梅辛格（Susan R. Meisinger），高级人力资源专家（SPHR①）、主席

网址： www. shrm. org

宗旨： SHRM 为人力资源管理领域的专业人士提供最基础、最全面的资源。此外，学会还致力于推动人力资源行业的发展，提高所有人力资源专业人士的能力，并确保人力资源在组织战略的制定和执行中是一项基本而有效的内容。

附录 2 财务情况对照（略）

---

① SPHR 全称为 Senior Professional in Human Resources. ——译者注

附录 3　研究进程及所需材料

研究进程

2002 年 2 月	《基业长青》和《从优秀到卓越》的作者吉姆·柯林斯在"当代数字化"会议上发言。
2002 年 8 月	美国社团领导力中心（当时为美国社团管理者学会基金会）研究委员会成员拜会柯林斯，商讨在一个以协会为研究对象、长达数年的研究项目中运用他的研究方法。柯林斯同意在项目进行中担任导师，提供指导。
2002 年 11 月	研究委员会向美国社团领导力中心（当时为美国社团管理者学会基金会）董事会提交了建议书，为"成功之道"项目申请经费。
2003 年 1 月	项目建议获得批准后，研究委员会成立了"成功之道"专题组，并任命首席审计官迈克尔·加勒里博士为组长。
2003 年 2～6 月	随机选择了美国社团管理者学会的 1000 个会员，

邀请其 CEO、二把手及行业领导者参加一个会审过程，即要求他们提名 5 个曾战胜困境、拥有会员积极支持的代表性协会。这一过程得到了 324 份反馈，共有 506 个协会获得提名。按照排列顺序，列出了得票最多的前 104 个协会。

2003 年 8 月　柯林斯会见专题组，指导专题组制定评选研究组和对照组的标准。

2003 年 9 月　雇用了两名刚毕业的大学生，全职担任该项目的研究调查员。

2003 年 10 月　发信给会审选出的前 105 个协会，邀请其加入该项目，并提供初步的会员及财务数据。

2003 年 11 月　继续向没有回应的协会发信。

2003 年 12 月　共收到 55 个协会的回复（回复率达 53%）。47 个协会表示愿意加入，8 个协会选择了不参加。但有 3 个协会因纳税情况、成立时间少于 20 年以及协会类型为联盟性协会而没有列入名单。

2004 年 1 月　通过审核协会的财务（财务盈余的年份多于财务赤字的年份）和会员制度（会员或市场份额增加或者保持不变），专题组从余下的 36 个协会中选出了 22 个协会。其他 14 个协会没有入选。

2004 年 2 月　专题组成员亲自联系没有回复邀请的 7 个协会的 CEO。研究调查员开始搜集已同意加入研究并已签署协议的协会 15 年内的财务和会员数据。

2004 年 3 月	专题组成员选定了 11 个对每个协会都要研究的领域，设计了一系列供研究调查员实地考察时所提的问题。他们还设计了 9 个研究配对组，从对照组中为研究组的每个协会找出一个协会与之进行比较。为强调综合结果而不是一对一的简单对照，专题组决定不对外公开对照组的协会名称。
2004 年 5 月	设计研究方法和访谈问题，以指导在 11 个领域中的数据收集。
2004 年 7 ~ 9 月	研究团队在 4 个协会进行试验并最终确定了研究方法和访谈内容。
2004 年 10 月	研究调查员开始实地考察研究组和对照组的协会。
2004 年 12 月	专题组拜会柯林斯，柯林斯评述了他的研究方法，并提出了一套分析数据的程序。
2005 年 3 ~ 5 月	在完成了大部分实地考察和访谈后，研究调查员开始编辑详尽的报告和数据分析。
2005 年 6 ~ 8 月	专题组由每两名成员组成一个小组，负责一对配对协会。他们分析研究员提供的报告、访谈手稿以及参加项目的协会提交的资料。
2005 年 9 月	专题组与柯林斯讨论数据分析得出的初步结果，发现缺失的信息，制定下一步工作计划。
2005 年 10 ~ 11 月	专题组成员到研究组和对照组的协会进行实地考察，并对协会 CEO 进行访谈，请其回答有关后续问题。研究调查员完成了数据的搜集和分析。

| 2005 年 12 月 | 在研究报告、访谈、实地考察以及资料评述的基础上，每个小组成员为该组的两个协会分别整理了单独的卷宗。 |

2006 年 1 月　　在单独卷宗的基础上，每个小组又编辑了一份小组卷宗，与其他专题组成员交流。专题组召开了最后一次会议，以分析研究配对组的比照结果并得出结论。

请研究对象提供的文件清单

文　　件	描　　述
愿景	
愿景陈述	协会的愿景陈述
价值陈述	协会的价值陈述
宗旨陈述	协会的宗旨陈述
目标陈述	协会的目标陈述
目的陈述	协会的目的陈述
演讲文稿	CEO/ED 或主席/当选主席的演讲文稿
公开致辞文稿	CEO/ED 或主席/当选主席的演讲文稿
市场、竞争对手、环境	
从事市场研究的员工	任命从事市场研究的员工数
市场研究的预算	投入市场研究的预算额
行业研究	协会所做的行业研究报告
市场研究的利用	关于行业研究成果使用的内部文件
会员分析	协会进行的关于会员/赞助者的分析和报告

续表

文　件	描　述
市场、竞争对手、环境	
会员调查	针对会员进行的调查
会员研究	有关会员或会员构成的内部研究
会员研究的利用	关于会员研究成果使用的内部文件
会费	1988 年至 2003 年间的会费
会员间的合并记录	影响会员的合并记录
招募工作	招募、保留会员的计划和项目
对非会员的服务	为非会员提供哪些服务？在服务方式上是否有所不同？
环境考察	对影响协会的环境因素的考察
基准数据	协会应用的基准数据和度量
问卷和调查	协会评价会员和员工时采用的问卷和调查
杂志发行	1988 年至 2003 年间的杂志发行情况
会员的核心能力	对会员核心能力的界定
会员满意度分析	关于会员满意度的分析
会员数量统计	会员数量统计

文 件	描 述
市场、竞争对手、环境	
从事市场营销的员工	从事市场营销的员工人数
市场营销的预算	投入市场营销的预算额
市场营销计划	协会使用的市场营销内部计划
会员/赞助者保有目标	可衡量的保有会员/赞助者的目标
会员/赞助者保有情况	与既定目标相比保有会员/赞助者的实际情况
会员/赞助者发展目标	可衡量的会员/赞助者总数发展目标
会员/赞助者发展的实际情况	与既定目标相比会员/赞助者人数增长的实际情况
招募会员数	1988 年至 2003 年间的会员总数
会员数	1988 年至 2003 年间各类会员总数
长期市场营销计划	协会使用的长期市场营销内部计划
市场营销动议	针对会员的市场营销项目
市场营销战略	针对会员的市场营销战略和计划
市场营销的实施情况	关于怎样对会员进行市场营销的内部文件
媒体工具	对年会、杂志、期刊进行推广的媒体工具

续表

文　件	描　述
组织结构	
组织框架图，包括董事会、员工、志愿者	描述志愿者与员工关系的图示
规章及历史修改记录	1988 年至 2003 年间协会的规章及修改记录
公司化条款	协会公司化的条款
外包工作清单	协会外包工作清单
顾问清单	协会聘请的顾问清单
所有岗位的职位描述	协会员工的职位描述
全国高层人员清单	1988 年至 2003 年间协会董事会成员清单
全国员工清单	1988 年至 2003 年间协会员工清单
技术应用	
从事技术的员工（资格及工资）	协会中从事技术工作的员工数
投入技术的预算	投入技术的预算额
硬件的年度支出	1988 年至 2003 年间的硬件支出
软件的年度支出	1988 年至 2003 年间的软件支出
技术支持的年度支出	1988 年至 2003 年间的技术支持支出

续表

文　　件	描　　述	
技术应用		
采用的所有技术	内部采用的技术清单	
主要的技术进步	协会 1988 年至 2003 年间显著的技术进步	
经营战略/战略规划过程		
关于战略计划的公开信息	战略计划、运营计划	
关于战略计划过程的公开信息	内部计划文件	
内部会议记录	内部员工会议记录	
危机管理文件	关于危机管理政策的计划和文件	
战略伙伴	战略伙伴清单	
产品和服务		
主要服务项目	协会的主要服务项目清单	
年度会议收入	1988 年至 2003 年间的年度会议收入	
年度会议支出	1988 年至 2003 年间的年度会议支出	
会员奖励项目	会员奖励的项目清单	
杂志发行量	1988 年至 2003 年间的杂志发行量	

续表

文　件	描　述
产品和服务	
期刊发行量	1988 年至 2003 年间的期刊发行量
证书材料	关于协会授予证书的材料
项目设计	关于新项目设计及项目如何从概念到实施的文件
项目开发	关于项目如何开发和实施的文件
产品和服务清单	协会提供的产品和服务清单
销售历史	1988 年至 2003 年间产品销售的收入额
产品的市场研究	关于个别产品的市场研究文件
确定新产品和服务的过程	描述推进新项目过程的文件
年会计划	年会计划、年会中的时间安排
领导力	
董事会成员、任期及各自角色	1988 年至 2003 年间协会董事会成员清单、任期的规定和所承担的责任
董事会政策及程序	董事会政策和程序手册
常务委员会及成员	列出协会的委员会、委员会成员及目的

文　件	描　述
领导力	
特设委员会及成员	列出协会特设委员会和专题组以及委员会成员和目标
董事会评估	供董事会用的评估文件
员工在董事会工作中的角色	对员工在董事会议中所扮演角色的说明以及董事会决策的执行
董事会议记录	1988 年至 2003 年间董事会会议记录
与 CEO 的合同	协会与现任 CEO 的合同
董事会规章	1988 年至 2003 年间董事会规章及变化
对志愿者的表彰和认可	关于奖励和表彰志愿者带头人的文件
董事会自我评估	董事会自我评估材料
董事会培训项目文件	董事会培训材料
社团和文化	
员工统计数据	按任期、年龄、种族、性别、教育水平、职称和级别所列的员工清单
每年的员工人数	1988 年至 2003 年间每年的员工人数
政策和程序手册	1988 年至 2003 年间员工的政策和程序手册

续表

文 件	描 述
社团和文化	
诉讼记录	协会留存的诉讼记录
后续计划过程	关于后续计划的文件
培训活动和项目清单	内部培训活动和项目清单
员工重组和解雇记录	内部员工的重组和解雇记录
员工绩效考核	员工绩效评估文件——可不署名
员工福利计划	员工福利
离职记录	员工离职记录——可不署名
内部奖励、奖励标准、获奖者	关于员工奖励和获奖者的文件
对外奖励、奖励标准、获奖者	关于会员奖励项目的文件
文化陈述	关于协会文化的陈述
道德准则	1988 年至 2003 年间协会的道德准则及变化
道德准则的执行	关于协会道德准则执行的文件
多元文化项目/动议	关于协会开展的多元文化项目的文件/材料

续表

文　件	描　述
财务信息	
财务状况说明	1988 年至 2003 年间协会的财务状况说明
资产负债表	1988 年至 2003 年间的资产负债表
资金流动说明	1988 年至 2003 年间资金流动的说明
预算	1988 年至 2003 年间的预算
990 表格①	1988 年至 2003 年间的 990 表格
年度报告	1988 年至 2003 年间的年度报告
非会费收入来源	1988 年至 2003 年间的非会费收入来源
捐赠及财政拨款	协会获得的捐款及财政拨款档案
投资政策	协会投资政策文件
募款动议	关于协会募款动议的文件
责任保险	关于协会责任保险的文件
免税申请	免税申请表格
准备金政策	协会的准备金政策文件
财务审计	1988 年至 2003 年间对财务状况的外部审计

① 990 表格由美国国税局（IRS）制定，由免除联邦税收的美国非营利组织填写，以便美国国税局和公众评估非营利组织的运营状况。——译者注

续表

文　件	描　述
公共政策	
法律顾问的小结	协会提交的法律顾问的小结
PAC① 规章	可适用的 PAC 规章
可适用的 PAC 财务公示	PAC 财务主管记录、发票、支出
其他 PAC 信息	其他关于 PAC 资金、委员会会议记录的文件
收集的其他文件	
分会数	1988 年至 2003 年间的分会数
会员福利	会员有哪些福利？
协会得奖情况	协会获得的奖励情况
会员申请	新会员申请。潜在的会员会得到哪些服务？
章程	提交协会的章程
执行委员会委员	1988 年至 2003 年间执行委员会委员名单
政策陈述	协会制定的政策/职位陈述

---

① PAC 全称为 Performance Analysis and Control，即绩效分析和管理。——译者注

实地访谈问题

为保证项目的一致性，专题组设计了统一的访谈问题。研究调查员走访了 CEO 以及代表协会中不同人群的一些高层及辅助员工。访谈内容被记录下来，并附在 18 个协会的详细报告中。

愿景、宗旨、目的

你如何概括协会存在的根本原因？原因是否随着时间的改变而变化？

描述你做过的一项艰难抉择或重要决定。协会的愿景、价值观、任务、目标是否在你决定或选择时发挥了作用？

市场、竞争对手、环境

请介绍协会的市场（指会员和供应商）。会员和供应商的组成是否有变化？协会怎样适应变化？

会员和供应商对协会的成功作出了哪些贡献？

协会的主要竞争对手是谁？与自己所在的协会相比，你认为他们的竞争优势和劣势是什么？

协会是否进行正式的调查或市场研究？如从事研究的话，请举例说明是怎样进行的？

组织结构

请描述董事会、CEO、员工之间的关系。自你进入协会担任目前职务以来，协会的结构、规模或管理风格是否有所变化？是否出现了新的结构类型？

过去 15 年员工的水平和/或结构是否有变化？

怎样选举董事会成员和官员？怎样选举 CEO？

技术应用

过去 15 年内，影响协会的最重要的技术"事件"有哪些？

协会对技术支出的传统做法是什么？介绍一下你进入协会后主要的技术动议。

协会最常用的是哪些技术？

描述协会对技术的态度：是及早应用？还是随大流？或是宁愿守旧？会员的态度是什么？

商业战略/战略过程

请举两个例子说明，过去 15 年中，外部因素是怎样促使协会应对重要变化的？

你是怎样定义成功的？根据你对成功的定义，变革是成功的吗？你是否通过正式评估或比较来评价变革的结果？

请举两个例子说明协会自己发起的变革。如果有，决定进行变革的原因是什么？

回顾过去，你或协会是否有些事情做得不够好，希望重新来过？你是否有值得骄傲的事情？

产品和服务

请介绍公司的名牌产品或服务。描述一下其开发过程和参与人员。

会员、董事会、员工及供应商在产品开发过程中扮演什么角色？

有没有过失败的产品？如果有，从中吸取到哪些经验教训？

是否与其他协会有过合资或建立过战略联盟？如果有，是什么影响了你的决策？哪些决策有成效，哪些没有？

领导力

对首席执行官：

请介绍个人特点及领导方式。你认为自己有哪些优缺点？

描述一下你被选举为该公司领导的过程。谁做的最终决定？有哪些人参与？这一过程与以往经历的共同点及不同点有哪些？

员工在协会中怎样晋升？有没有正式的后备计划？

对其他员工：

就现任 CEO 的素质、技能或经验而言，哪些最吸引选举团队？你怎样看待选举结果？

关于领导模式/风格，你欣赏什么，不欣赏什么？

员工在协会中怎样晋升？有没有正式的后备计划？

介绍一下 CEO 或领导者与董事会的关系。哪些因素起着积极的作用，哪些不起作用？为什么？

文化和社团

关于怎样成功，你会向新加入协会的员工或志愿者提出哪些建议？

在工作中，让你最兴奋和最担忧的事情是什么？为什么？

根据你向家人或朋友所做的介绍，请设想一下他们作为协会员工的话会怎样描述贵协会。

你每天与会员进行多少交流？以何种方式及语气进行交流？

财务状况

过去 15 年协会的财务状况有哪些变化？产生这些变化的内部、外部因素是什么？

过去 15 年是什么因素影响了协会的资金流向？是否曾提前预料到这些因素还是感到措手不及？影响持续了多长时间？是否采取了应对措施？从中学到了哪些经验？

怎样决定资本和运营支出？

介绍一下员工和志愿者如何参与财务管理。

你怎样评估和报告经济和预算因素对财务计划、投资政策、财务运营的影响？

怎样制定和管理储备金政策？

硬件设施和位置

协会的主要办公场所是怎样选定的？是何时选定的？由谁选的？

办公场所的位置和设施对协会实现其宗旨重要吗？

内部布局是否反映协会任何特殊的价值观或哲学理念？是否与有些价值观和理念相悖？

公共政策

会员制受到影响时采取哪些措施？何时采取？由谁来决定继续执行协会的主要决策？

会员对绩效分析和管理的参与程度如何？能发挥什么作用？

会员制对公共政策的制定起到怎样的支持作用？会员是否会影响公共政策的制定？

谁提出协会公共政策的动议？怎样决定从事基层活动的必要性？怎样实施和评估基层活动？

由 CEO 回答的后续问题

为收集更多的信息，包括更好地了解每个协会的环境，例如文化和硬件设施，专题组进行了一次后续实地考察。考察也包括采访每个组织的 CEO。为确保一致性，设计了以下一套问题：

1. 请描述协会战略计划和预算之间的联系。
   - 在推动变革中会员的参与程度如何？
   - 怎样决定工作重点？你是否认为工作重点会随着领导的改变而改变？
   - 怎样进行战略计划的沟通以保证计划实施？
   - 在日常运营中怎样贯彻战略计划？
   - 你怎样评估战略计划的成果？
   - 在过去 5 到 10 年中计划或预算是否有过变化？如有，是怎样变化的？

2. 怎样确保在员工中有合适的人执行战略计划？

3. 请举两或三个例子介绍战略计划的实施怎样使组织产生了变革。

4. 回顾过去 10 年中协会取得成功的因素有哪些，阻碍成功的因素有哪些。

5. 成为 CEO 后，你首先希望在哪三个方面进行变革？为什么？这些改革取得了怎样的成功？

6. 董事会怎样评价你作为协会 CEO 的表现？

7. 介绍一下协会发现、争取和确定战略联盟及其他合作伙伴的过程。

8．协会怎样在会员中培养和造就未来的领导者？

9．最后，你怎样评价协会的成功？

单独卷宗

收集到补充数据后，每个工作小组为每个研究配对组（一个研究协会和一个对照协会）整理了一份卷宗，以分析研究协会和对照协会的相似处和不同处。在分析初期，整个专题组首先审阅了这些卷宗，希望有所发现。

研究协会：＿＿＿＿＿＿＿＿＿＿＿

对照协会：＿＿＿＿＿＿＿＿＿＿＿

1. 两个协会有哪些明显不同？

2. 两个协会有哪些相似之处？

3. 在两个协会中，哪些发展、事件或活动等对协会管理中习以为常的常规理念产生质疑？

4. 详细介绍研究协会的至少一个成功案例；如可能，与对照协会在相似情况下没有取得成功的例子进行比较。

5. 这种配对比较的意义是什么？也就是说，为什么研究组要比对照组更成功？

附录4　常见问题

1．吉姆·柯林斯的研究是针对营利组织的，它与协会有何联系？

许多人研究了营利组织的成功之处，但很少有人界定自愿会员型协会的成功，更谈不上研究其成功之道。产生这种信息匮乏的原因有很多。

首先，按照法律规定，公开的贸易公司每季度需向证券交易委员会（SEC）提交详细的财务报告；此外，股票市场（股票价格）和市场活动（销售量、总收入、净收入、收入来源等）也为公司的表现提供了一个衡量标准。根据公司的规模、内容、信息类型、研究时所依据的单位（公司、职能部门或地域），证券交易委员会规定了标准的报告要求，因此，可以对不同的公司进行同类比较。

与此相反，许多协会包括了501(c)(6)类、501(c)(3)类、私有、营利等类型的职能部门。这些协会很少向政府提交报告，即便提交信息也不够详细。由于这类伞式协会可能包含几个小型协会，每个小型协会又拥有彼此不同的法律构架和税务状况，因此很难获得这类协会的真实财务状况。不同的法律构架以及不一致的报告要求增加了客观评价和对比不同协会运行状况的难度。

虽然资债互抵能够保障协会的生存，但赢利并不是其存在的主要原因。根据其特点，协会是宗旨驱动型的组织，其存在的原因是概念上的、无形的，因此很难量化。即使协会的税务类型没有限制其进行赢利活动，协会自身的目标也不容许其为利益而生。

最后，严谨的、量化的研究花费巨大。以赢利为目的的商业组织可以有相对较大的研究预算，但协会没有多少经费从事此类活动。

2. 怎样选择作为研究对象的社团管理者？

选择作为研究对象的社团管理者的依据是他们的经验以及其为之效力的组织的范围、规模和类型。作为研究对象的社团管理者和战略家们来自于许多不同领域，这有助于研究的客观与公正。由于研究涉及不同类型的组织，我们要寻求不同的专业知识，以利于理解和分析从不同角度收集到的数据。

3. 选择研究组协会的基本标准是什么？

研究组的候选对象应当：

- 至少已运营 20 年；
- 出现盈余的年份多于出现负债的年份；
- 在研究的区间段内能够保有会员、赞助商以及市场份额；
- 在研究的区间段内有一个以上的 CEO。

4. 为什么不考虑那些由一位 CEO 管理 15 年以上的协会？

我们尽可能地遵守柯林斯和波拉斯在其合著的《基业长青》一书中所应用的方法。与他们一样，我们对找出那些有助于协会走向卓越的因素也很感兴趣。我们的目标是找出协会基本构成中的因素，而不是一种特定产品、一项特殊服务或一个特定人员的作用。

基于这一原因，柯林斯和波拉斯选择研究那些成立于 1950 年以前的公司。他们认为这样的时间段能确保公司拥有品种多样的产品和服务以及任命过多位 CEO。考虑到协会的平均年龄以及记录保存的时间，我们相信15年的时间段更符合我们的需求。

5．有15年历史的协会在提交和收集数据方面会不尽一致，怎样应对这种状况？

协会提交的信息在质量和数量上都存在差异。由于时间段的要求，一些协会没有电子材料，档案存放规定不要求他们保存信息，有时某些材料不足以和其他协会进行比照。

部分协会，例如，美国退休者协会、美国女童子军、美国人力资源管理学会，向我们提供了大量信息，而这些信息不是我们几次会议就能消化的。还有一个组织仅提供了极少的信息。在这种情况下，我们的研究调查员就会努力地寻找二手材料。我们尽量搜集每个协会相同领域的信息，但在某些情况下这不可能。

没有哪个协会能够按要求提供15年内的完整材料。但我们相信已收集到的信息能够支持本书的观点。

6．为什么在研究中仅涉及少数的行业协会？

我们竭力在研究中涵盖到足够的行业协会、专业协会和慈善协会。柯林斯的研究包括了上市行业公司。他能看到这些公司公开发布的大量材料以及一些畅销书出版社出版的、有关其他研究对象的大量文献。

而我们的研究对象是协会。我们所应研究的材料不对外公开。获得信息的唯一方法是协会的自愿配合。我们曾列出了几个可能的行业协会，但最后仅少部分愿意合作。鉴于此种情况，我们请几个行业协会的代表审核了我们的研究成果。

7．对协会而言，股票价格所对应的是什么？

柯林斯仅在《从优秀到卓越》书中用到了股票价格。在《基业长青》书中，柯林斯和波拉斯采用了一个陪审团程序来遴选卓越公司。在通过这一过程产生的卓越公司中，他们挑选出成立于1950

年以前的公司进行研究。

在《从优秀到卓越》书中，柯林斯重点研究从优秀成长为卓越的公司。他思考的问题是：成长为卓越的公司与仅停留在优秀阶段的公司相比采取了哪些不同的措施呢？

但与第一次研究中用陪审团程序选出远见卓识的公司不同，柯林斯意识到这次研究中有必要采用客观方法。他和他的研究团队分析了世界500强公司的股票情况。在这些公司中，他选出了11家股票价格奇迹般增长的公司，而同一行业的其他公司股票价格只是保持了平稳增长。

我们的研究采用了《基业长青》一书的方法论。同柯林斯和波拉斯一样，我们通过一个陪审团程序初步确定了一个候选组织名单。从这一名单中，我们又依据以下三个标准选出了卓越协会：

- 始终保持年底有盈余的财务状况；
- 会员（赞助商）稳定增长，会员流失率低；
- 至少已存在15年并且有一位以上的CEO任职。

8. 怎样辨认常规理念？

常规理念来自于研究过程中产生的共性问题。在研究组的一次内部会议上，我们进一步审议了常规理念，记录下所有质化和量化的信息，以排除那些与我们的研究结果不符的神话。

由经验丰富的社团管理者和战略家所组成的"成功之道"专题组在他们的一次会议上提出了以下常规理念：

- 需要一位协会最高领导；
- 将年度开支的50%用于储备；
- CEO应是协会专家；
- CEO应来自协会外部，而非内部；
- 不要盲目扩招会员；
- 选举应体现民主过程；

- 当选领导应逐级提升；
- 小型董事会比大型的好；
- 组织应是会员驱动而非员工驱动；
- 勇于创新；
- 把协会当公司经营；
- 一致性决策；
- 参与式管理最佳；
- CEO 应位于当选领导之后；
- CEO 总是对的；
- 当选领导任期一年；
- 协会的活动能被利益相关方接受；
- 极端时势要求激烈变化；
- 主动变化比被动变化好；
- 董事会制定政策，员工执行政策；
- 员工不应参与领导选拔；
- CEO 在董事会没有表决权；
- 制订战略计划；
- 市场份额越高越好。

在最后一次会上，专题组将研究结果与以上常规理念进行了对比，看看这个单子中有哪些论断与研究结果不符。第六章"旧思路与新问题"中介绍了对比结果。

附录 5　怎样检验法则

协会是怎样成功运用七大法则的？

这个问题问起来容易，答起来难。

例如：

- 卓越学会的许多特质是无形的。检测"服务于顾客的文化"时，统计墙上挂着多少"我们爱会员"的牌子是不行的。任何人都可以挂牌子。以会员为中心不仅表现为一种态度，还体现在一系列行动中。

- 有几个法则是互相包容的。"对话和参与"与"CEO作为意见调和人"都能够体现协会对员工"畅所欲言"的重视。在这种组织文化的氛围中，所有部门的人员都能够畅所欲言而无后顾之忧，能够进行创新而不必担心对上不敬。

- 有几条法则具有主观性，不可避免地受到当事人在协会中所处角色的影响。例如，协会的产品开发团队会认为其工作与协会的宗旨紧密相关，然而产品营销团队却很可能不以为然。

值得庆幸的是，以上这些情况对协会参与这项要求进行客观检验的项目并没有形成不可逾越的障碍。这种检验首先需要：

- 投入检验所需的时间、资金和精力；

- 广泛、直率地沟通结果；

- 推动研究发现存在问题的那些领域的变革。仅仅征求反馈意见但忽视或不重视所收到的信息会削弱协会的可信度及其今后收集诚恳的反馈意见的能力。

下面是用来衡量协会怎样成功运用每个法则的几个方法。就检验的情况看，其中一些方法比较宏大，另一些方法则要简单些且花费较少。

注重目的

法则一：服务于顾客的文化

组织的政策和程序以及组织与个人会员之间的默契交流始终体现着一种"为您服务"的态度。

下面是可行的衡量方法。

- 开发一套程序，以衡量及分析表扬和抱怨。这个方法简单且花费不多，但能够找到会员们认为有价值的因素以及导致会员不满的原因。

- 实施由美国社团管理者协会及社团领导力中心开发的"社团状况评价体系（SOCA）"。这套体系应由协会设计，也是为协会设计的，它包括针对七大法则所涉及的这样或那样问题的大量信息。

- 成立由独立协调人担任协调的、与协会一线雇员一起组成的重点专题组，包括协会接线员、开会时与会员和志愿者联系的员工等。一般来说，一线员工非常了解会员并熟知协会对会员的态度，他们通常也愿意直言不讳。

法则二：根据宗旨确定产品与服务

协会秉承一贯的宗旨，其产品和服务与其宗旨并行不悖。

下面是可行的衡量方法。

- 确认协会是否存在书面的"宗旨陈述"。长期以来，宗旨对规范协会活动是否具有深远的影响？查看会议纪要和/或宣布的重要变革措施中是否提及协会宗旨包含的某些特定内容。

- 查看在 10 年的时间段内协会收入的主要来源及投资领域。明确体现协会宗旨的产品和服务是否是收入的主要来源？对于能够体现宗旨的产品和服务，协会是否一直投入时间、金钱和精力？

- 成立拥有独立协调人的重点专题组，围绕"我们的宗旨是什么"进行探讨。重点工作小组由协会会员、所有级别的员工及志愿者组成，但事先并不向他们透露讨论主题。

注重分析与反馈

法则三：数据驱动战略

卓越的协会在收集信息以及共享和分析数据方面经验丰富，能够通过分析得出数据所指向的行动。

下面是可行的衡量方法。

- 统计一下收集信息的渠道、信息的类型以及协会中参与信息收集的部门。收集信息的渠道包括正式的市场调研，也包括非正式渠道，例如，与会员或同事谈话等。信息类型包括质化数据（如重点专题组收集到的信息），也包括通过调查方式搜集到的量化、结构化的数据。数据可来源于协会多个部门，包括人力资源、会员关系、顾客服务等。在每个部门中收集到的信息越多越好。

- 明确是否针对通过不同方法收集到的信息采取了行动。除了接触还做了什么？为实现其价值，必须对通过不同渠道收集的信息进行记录、共享和分析。

- 下一步，问自己"收集的信息和相关方面沟通了吗？如果是，沟通的方式是什么？对象是谁？"信息是界定行动框架并推动行动开展的有力工具。信息透明度不会对协会造成负面影响，反而有助于增进信任、推动变化及促进创新。

- 按规范要求收集准确的数据。尤其要注意的是，需用标准格式记录收集到的信息，并在进行正规的市场调研时采用专业标准。设计和执行一项调查对专业技能和正规培训都有要求，不能派不符合要求的人员从事相关工作。卓越的协会看重高标准的、实际的调查，并投入做好调查所必需的资源。

法则四：对话和参与

员工与志愿者经常进行内部沟通，探讨协会的发展方向和工作重点。

下面是可行的衡量方法。

- 进行一项标准化的或个性化的雇员调查，以了解协会的沟通情况。理想的做法是听取在心理测试上训练有素并且在员工调查的管理方面有着专门技巧的专家的建议（提示：保密工作在员工调查中尤其突出）。专家不能与任何机构有关系，如不能受聘于销售调查工具的公司，以免他或她的建议不够公正。

- 了解协会沟通状况的另一个方法是：任意挑选协会雇员、志愿者、员工、会员和供货商，进行"360°评估"。这里也有许多工具，但理想的方法还是在做出选择之前听取专家的建议。

法则五：CEO 作为意见调和人

CEO 也许具有高瞻远瞩的能力，但更重要的是，CEO 能够激发协会全体人员用前瞻性的眼光思考问题。

下面是可行的衡量方法。

- 回顾现任 CEO 和前任 CEO 的任期情况：是否存在某些新想法、新产品、新服务或动议是由他人带来的情况？如果是，有多少这样的例子？协会对这些动议是否给予了时间、经费和宣传方面的支持？如果是，这些动议获得的支持力度与 CEO 的动议所获得的支持力度有何不同？这些提议中有多少最终得以实施？

- 每天、每周或每月，CEO 花多少时间在办公室或协会总部之外倾听利益相关方的意见并与其互动？CEO 花多少时间了解协会以外的事情？他或她多久在论坛场合介绍全新的东西，以便其他人评论和讨论？这类事情的简单统计就非常有意义。

注重行动

法则六：组织调适能力

优秀的协会从变化中学习，懂得如何应变。他们在求变的同时，也深知哪些应保持不变。

下面是可行的衡量方法。

以下问题可以帮助评估协会对变化的调适能力：

1. 协会如何监测和应对可能影响协会环境的未来趋势、威胁以及机遇？

2. 协会领导者对于讨论那些影响协会环境的变化的公开程度如何？

3. 协会领导者在应对变化时是否征求员工/雇员、会员、志愿者或董事会的意见？如果是，征求谁的意见？

4. 协会是否面临过财务危机？是否发生过突然而大量的会员流失？是否遇到过公共关系问题？如果是，总结了哪些教训？对协会制定战略决策有何影响？

根据万博格（C. R. Wanberg）和拜纳斯（J. T. Banas）在《应

用心理学杂志》上发表的研究报告（"重组工作中对待变化的开放度的预测与结果"，2000 年 2 月）表明，调适能力强的协会在遇到危机时采取以下措施：

- 承认存在积极和消极的变化，同时表现出现实主义的乐观；

- 毫不保留地提供信息；

- 请所有利益相关方从变化中学习并适应变化，与此同时对受影响方给予集体和个人的支持。

所以，对第一部分问题的答案是检验协会调适能力的方法之一，应提交给所有利益相关者。

法则七：联盟建设

自身稳定且自信的协会寻求那些有益于其宗旨和目标的合作伙伴与项目。

下面是可行的衡量方法。

衡量一个协会成功联盟的能力不只限于基本的计数。要问以下问题：

1. 在过去 5 年内，协会寻求过多少联盟？为什么？

2. 在过去 5 年内，协会建立了多少联盟？

3. 谁是协会的非常规合作伙伴？

4. 协会在寻求联盟时是否有一系列标准，包括规定联盟的形式以及联盟与协会的优势、劣势、宗旨、愿景或目的之间的关系？

5. 为成功建立联盟，协会是否提前制定成功机制？

6. 协会是否曾评估过联盟合作伙伴并最终决定取消联盟？为什么？

对这些问题的回答有助于协会评估自己在筹建联盟时对宗旨、目的、核心竞争力的考虑情况以及协会谨慎投资以提高成功率的意愿。

弗朗西斯·培根（Francis Bacon）曾指出"知识就是力量"。同其他任何有用的工具一样，只有在为协会利益相关方及其目标服务的前提下，认真、正确地收集并负责任地应用七大法则所包含的信息才能够为其使用者带来力量。

附录6 参与项目组织名单

美国社团管理者学会和社团领导力中心谨向以下组织致以诚挚的感谢，感谢他们慷慨地提供了此研究项目所需的数据和信息。

美国退休者协会
（AARP）

铝金属协会
（The Aluminum Association）

美国家庭医师学会
（American Academy of Family Physicians）

美国汽车协会
（American Automobile Association）

美国心血管学会
（American College of Cardiology）

美国医疗卫生管理者学会
（American College of Healthcare Executives）

美国外科医生学会
（American College of Surgeons）

美国牙科协会

（American Dental Association）

美国糖尿病协会

（American Diabetes Association）

美国石油学会

（American Petroleum Institute）

美国心理协会

（American Psychological Association）

美国土木工程师学会

（American Society of Civil Engineers）

美国言语语言听力协会

（American Speech-Language-Hearing Association）

美国甲状腺协会

（American Thyroid Association）

美国兽医协会

（American Veterinary Medical Association）

建筑商与承包商协会

（Associated Builders and Contractors）

美国通用承包商协会

（Associated General Contractors of America）

医疗卫生慈善协会

（Association of Healthcare Philanthropy）

美国儿童群益会
（Boys and Girls Club of America）

加利福尼亚房地产经纪人协会
（California Association of Realtors）

州银行监管者协会
（Conference of State Bank Supervisors）

基督教学院和大学委员会
（Council of Christian Colleges and Universities）

爱迪生电力学会
（Edison Electric Institute）

设备租赁协会
（Equipment Leasing Association）

佛罗里达商会
（Florida Chamber of Commerce）

美国女童子军
（Girl Scouts of the USA）

伊利诺伊房地产经纪人协会
（Illinois Association of Realtors）

国际郡县管理协会
（International City／County Management Association）

国际会议专家协会
（Meeting Professionals International）

密歇根房屋建筑商协会
（Michigan Association of Home Builders）

美国四健会
（National 4 – H Council）

美国印第安住房委员会
（National American Indian Housing Council）

美国连锁药店协会
（National Association of Chain Drug Stores）

美国学院商店协会
（National Association of College Stores）

全美郡县协会
（National Association of Counties）

美国中学校长协会
（National Association of Secondary School Principals）

美国社会工作者协会
（National Association of Social Workers）

美国小麦种植者协会
（National Association of Wheat Growers）

美国商务旅游协会
（National Business Travel Association）

美国大学体育协会
（National Collegiate Athletic Association）

美国油漆和涂料协会

（National Paint and Coating Association）

美国餐饮协会

（National Restaurant Association）

美国屋顶承包商协会

（National Roofing Contractors Association）

美国教育委员会协会

（National School Boards Association）

俄亥俄注册会计师学会

（Ohio Society of Certified Public Accountants）

北美放射学会

（Radiological Society of North America）

拯救儿童协会

（Save the Children）

美国人力资源管理学会

（Society for Human Resource Management）

南部牙齿矫正协会

（Southern Association of Orthodontists）

南部地区房地产经纪人协会

（Southland Regional Association of Realtors）

联合劝募协会

（United Way）

◇ 译后记

2008 年 5 月，中国科协代表团访问美国，在华盛顿期间会见了美国社团领导力中心主席兼 CEO、美国社团管理者学会（ASAE）常务副主席苏珊·萨尔法蒂女士。萨尔法蒂女士介绍了她领导的专题组耗时四年完成的一项研究成果，即在 2006 年 6 月出版的《成功之道——协会运营的七大法则》，并向代表团赠送了该书。

经萨尔法蒂女士同意，我们决定将这本书译为中文，以便为中国各类学会、协会的管理和运营提供借鉴和指导。期间得到了 ASAE 负责出版事务的副主席斯基尔曼先生的热情帮助。

中国的学会、协会开展活动的历史可以追溯到 100 多年以前。但在实现科学、系统的管理以及为会员提供专业化服务方面还有很长的路要走，许多学会的改革也仍在进行当中。纵观本书所开出的七大法则，倒也没有什么"惊人之语"，但确是协会运营最为基本的原则。当然，限于制度与文化上的差异，有些内容不见得完全适合我国国情。我们希望本书中所提供的研究成果对推进学会改革、提升学会管理水平和提高会员服务的质量起到借鉴作用。

各章节的翻译分工是：前言、序、致谢、第一章、第二章由何巍承担；第三章、第四章、第五章由陈蕾承担；附录部分由官月承担。孙孟新承担了全书的审校工作。在翻译的过程中，对吉姆·柯林斯关于公司管理方面的论述，译者参考了该作者已经出版的《基业长青》和《从优秀到卓越》二书。对书中提到的机构名称，译者参考了有关出版物及网站上的中文译法。对于一些难于理解的地方尽量给出注释。尽管如此，限于译、校者的水平、时间，错误之处在所难免，恳请读者不吝指正，以便今后改进。

　　本书中文版的出版是多方合作的结果。中国科协学会学术部对本书的翻译出版给予了专项资助，并将此书列为学会工作人员培训的辅助教材之一。感谢 ASAE 在本书版权方面所给予的合作。感谢中国科协学会学术部沈爱民、朱雪芬、朱文辉和中国科协国际联络部张建生、张虹等同志对本书翻译和出版工作的大力支持和有关建议，同时感谢中国国际科技会议中心在组织工作上的有力协助。在本书的筹划、出版过程中，中国科学技术出版社的苏青、颜实、吕建华、单亭等同志付出了大量劳动，在此一并致谢。

译　者

2009 年 12 月